Márcia S. Pereira

FloreSendo feliz

Literare Books
INTERNATIONAL
BRASIL · EUROPA · USA · JAPÃO

Copyright© 2023 by Literare Books International
Todos os direitos desta edição são reservados à Literare Books International.

Presidente:
Mauricio Sita

Vice-presidente:
Alessandra Ksenhuck

Chief Product Officer:
Julyana Rosa

Diretora de projetos:
Gleide Santos

Capa e projeto gráfico:
Gabriel Uchima

Diagramação:
Candido Ferreira Jr.

Imagem da capa:
Sharon Pittaway (Unsplash)

Revisão:
Margot Cardoso

Chief Sales Officer:
Claudia Pires

Impressão:
Gráfica Paym

Dados Internacionais de Catalogação na Publicação (CIP)
(eDOC BRASIL, Belo Horizonte/MG)

P436f   Pereira, Márcia S.
   FloreSendo feliz / Márcia S. Pereira. – São Paulo, SP: Literare Books International, 2023.
   152 p. : il. ; 14 x 21 cm

   Inclui bibliografia
   ISBN 978-65-5922-711-2

   1. Autoconhecimento. 2. Felicidade. 3. Técnicas de autoajuda. I. Título.
   CDD 158.1

Elaborado por Maurício Amormino Júnior – CRB6/2422

Literare Books International.
Alameda dos Guatás, 102 – Saúde – São Paulo, SP.
CEP 04053-040
Fone: +55 (0**11) 2659-0968
site: www.literarebooks.com.br
e-mail: literare@literarebooks.com.br

MISTO
Papel produzido a partir
de fontes responsáveis
FSC® C133282

Dedicatória

Dedico este livro a todas as pessoas que compreenderam a necessidade de se conhecerem mais, de fazerem um mergulho pra dentro si e encontrarem as respostas na busca da verdadeira felicidade.

Não é fácil mergulhar no desconhecido, mas é necessário.

Este trabalho tem um reconhecimento especial às mulheres que buscam entender suas dores, se propõem a ressignificá-las e mergulham na jornada de crescimento pessoal e profissional como protagonistas de sua história.

Desejo que façam um excelente uso deste livro e que o mesmo colabore para que suas descobertas sejam como sementes que, plantadas, florescerão em grandes ideias que transformarão sonhos e vidas.

Agradecimentos

Quero iniciar agradecendo a você que resolveu dar o seu primeiro passo e mergulhar em seu mundo interior. Sem você, nada disso seria possível.

Gratidão aos meus alunos e mentorados que sempre me estimulam a ir além com seus resultados, dedicação e entusiasmo.

A minha família, pelo apoio.

Aos meus mestres espirituais, pela inspiração e proteção.

E claro, a Deus que está presente em cada segundo da minha vida.

Prefácio

FloreSer

Falar sobre Márcia S. Pereira e um de seus livros é, inevitavelmente, conectar uma pessoa à sua coerência de vida.

Em primeiro lugar, Márcia não é uma pessoa qualquer, mas é daquelas que, de longe, se sente sua boa energia: no tom de voz, no sorriso e no frequente bom humor que carrega e distribui.

Eu mesma me perguntei algumas vezes:

– *Mas qual o segredo dessa pessoa tão iluminada?*

Em alguns anos de convivência, tive o privilégio de constatar que o que ela ensina, ela pratica em primeiro lugar. Por muitas vezes, a solicitei para um conselho, um pedido de ajuda profissional ou coisas do tipo. Ela nunca me deixou na mão. E mais: ela sempre me correspondeu depressa, com alegria, energia e motivação.

– *Mas como pode?*

Acredito que o livro "FloreSendo feliz" é onde o leitor poderá encontrar as respostas que eu mesma um dia quis buscar para compreender esse ser humano tão mágico. Márcia usa de cada experiência de vida para uma autoanálise, lição e aprendizado. E depois segue em frente. E em seguida: compartilha!

"FloreSendo feliz" traz uma leitura leve e agradável, que permite o caminho do autoconhecimento de forma prazerosa, simples e didática!

– *Quer ser uma pessoa como a Márcia?*
– *Florescer!*

Justamente por conhecer a Autora e ter trabalhado com ela em alguns projetos e dividido experiências pessoais, afirmo que é uma honra para mim prefaciar este livro, porque muito longe do que acontece com muitas pessoas, que tem uma imagem, vendem um produto baseado nela, mas vivenciam algo diferente do que pregam, a Autora antes de tudo é um exemplo de verdade.

A Márcia que conheci é feliz, leve, positiva, aberta, dinâmica, uma verdadeira força da natureza! Colocada à prova desde cedo pela vida, perdendo sua referência paterna aos seis anos de idade, usou do aprendizado triste e marcante para contar a sua história no belíssimo livro *"Quando você (não) partiu!"*.

Mais tarde, passando por uma cirurgia de risco, se tornou outra e progrediu significativamente na carreira digital e também escreveu um livro narrando, compartilhando e ensinando seu progresso, *"Nutrição digital"*.

Tudo o que ela aprende, dentro e fora de si mesma, faz questão de dividir, numa generosidade de transpor o conhecimento adquirido.

Simplicidade, alegria e disponibilidade para a vida e para o mundo é o que melhor definem a Autora na minha percepção.

Florescer é o caminho trilhado por uma pessoa tão brilhante que, agora, compartilha o passo a passo de forma simples e amorosa, para que outros possam encontrar a simplicidade e alegria da vida em si mesmo(a).

Bem-vindo(a) ao "Flore*Sendo feliz*", aproveite a jornada e se torne um novo você!

Permita-se, viva o autoamor e se renove!

Floresça!

Carolina Vila Nova
Escritora e roteirista

Sumário

Introdução 13

Capítulo 1 21
Felicidade – a importância das emoções positivas

Capítulo 2 43
Sua felicidade e realização dependem de você

Capítulo 3 69
Seu templo sagrado

Capítulo 4 87
Sua mente não é sua senhora e, sim, sua serva

Capítulo 5 105
Emocional

Capítulo 6 121
Ative sua bússola interna e empreenda com alma

Capítulo 7 139
Sua realização e felicidade lhe esperam

Depoimentos 149

Introdução

FloreSendo

Antes de começar a ler este livro, acredito que seja importante você saber um pouco sobre mim. O que me leva a escrever sobre o florescer da alma?

Minha trajetória de vida é o meu próprio florescer. Perdi meu pai aos seis anos de idade, levei décadas para enxergar o impacto que essa perda teve em minha vida e para perceber o quanto ela influenciou todos os meus anos depois.

Foram muitos tapas na cara, até que eu entendesse que estava repetindo padrões na minha vida em função dessa perda, até que eu pudesse compreender o fato, para, finalmente, trabalhar a minha dor e ressignificá-la.

Como seres humanos, todos passamos por sofrimento. Seja a perda de um ente querido, uma doença, depressão, escassez, medo, ansiedade, solidão, excesso de timidez e tanto mais. Cada um de nós sabe onde o sapato aperta e, por isso mesmo, para a trajetória de cada um, a busca por si mesmo rumo a compreensão de suas próprias dores e o encontro da solução, que é exclusiva.

Décadas depois da minha grande perda, eu descobri que tinha um angioma cavernoso do sistema nervoso central em minha cabeça. Eu poderia explicar aqui em detalhes do que se trata, mas basta que você saiba que eu tinha uma bomba-relógio no cérebro, um tumor benigno, que, ao ser descoberto, já estava prestes a explodir.

De cara com a morte iminente, eu já conhecia o sucesso na minha vida profissional, por meio da docência, carreira administrativa e de empreendedorismo em algumas áreas, pois sempre me mantive aberta para aprender e compartilhar. Mas, ao descobrir algo em meu cérebro, que tinha o tamanho de uma bola de tênis e que teve de ser retirado às pressas, fui levada a olhar para situações de minha história, que ainda necessitavam de cura.

Por mais que aparentemente estejamos bem com a nossa saúde, com o trabalho, amigos, família e até num relacionamento, ainda assim, podem existir pontos dentro de nós a serem trabalhados e desenvolvidos, para que possamos ser ainda melhores. Somos como uma cebola, cheios de camadas. E para que estejamos num processo de melhoria contínua de nós mesmos: o autoconhecimento!

Depois de nove horas de cirurgia – que eu não sabia se sobreviveria – perdi alguns movimentos do meu braço e da minha perna direita, mas me tornei ainda mais rápida na vida e na minha evolução. Foi um evento em minha trajetória que me motivou a crescer ainda mais.

Foi depois desse evento que ingressei no mundo digital! Aprendi a usar os obstáculos como combustível para seguir em frente.

Por isso, hoje, sinto-me apta a contar não a minha trajetória para vocês, pois essa história já se encontra em outro livro – *Quando você (não) partiu (Literare Books)* – mas o entendimento sobre tudo que aprendi e vivi, e que me permitiram me tornar uma pessoa melhor. Acredito que esse conhecimento pode ser útil para você. E sugiro: em seguida, compartilhe. Tudo o que é bom e serve para melhorar a vida das pessoas pode e deve ser compartilhado. Isso serve para bons pensamentos, energia positiva, amizade e amor.

Que seja um lindo florescer para você, como foi para mim.

E por que este livro se chama *FloreSendo*?

Se para admirarmos a beleza de uma flor, ela antes precisa de uma planta que irá nascer, crescer, passar pelo processo de fotossíntese, diariamente; e só na estação certa, finalmente, desabrochar, por que com o ser humano seria diferente?

Viver é um eterno solucionar de problemas. A cada dia, passamos por situações positivas e negativas e não há como fugir do sofrimento, das dores e dificuldades. E como florescer em situações ruins? Como ser positivo diante de uma situação caótica como a pandemia ou a crise econômica, política e social?

É possível ser feliz diante de tantas crises pessoais, profissionais, financeiras, familiares e sociais? Sim, é possível. Isso é mágica? Não.

Quando adquirimos maturidade e autoconhecimento, passamos a compreender qualquer dor, sofrimento e dificuldade como uma lição, que nos levará a uma etapa seguinte, seja ela qual for.

Quando falo em florescer, quero dizer o florescer de si mesmo, o melhor que se tem em cada um de nós. O sofrimento pode e deve ser visto como o que nos molda, nos transforma e nos fortalece. Assim como uma planta e uma flor tem que passar por um inverno rigoroso para poder mostrar a sua melhor forma na primavera, assim somos nós.

Ninguém gosta de sofrer, mas isso não vem a ser uma opção, faz parte da vida. Negar o sofrimento ou a possibilidade de que ele aconteça é um otimismo barato, irreal e sofrido, pois se torna uma crença, que, em vários momentos, não funciona e decepciona ainda mais.

Neste livro, *FloreSendo*, você terá a oportunidade de compreender o que são as suas emoções e como elas se transformam em sentimentos. O que fazer para que as suas emoções negativas possam ser trabalhadas de forma positiva? Isso é possível? É claro que é. Por isso escrevi este trabalho, onde você vai poder ler e melhorar a sua qualidade de vida, a partir do momento que virar a chave e começar a transformar pensamentos e crenças limitantes, que vêm fazendo parte de toda a sua vida.

FloreSendo é uma leitura leve, gostosa e, possivelmente, rápida, dependendo do quanto você deseja assimilar, neste momento. São descobertas que fiz analisando a minha própria vida e que me fizeram crescer em todos os âmbitos da minha vida. Tenho muita alegria em ter esse propósito, que é dividir, com o maior número possível de pessoas, pensamentos, hábitos e crenças, que transformaram a minha vida e que agora podem transformar a sua.

Bem-vindo ao *FloreSendo*, ao florescer de si mesmo, ao florescer da sua própria vida, do amor que existe em você e que precisa apenas de um novo direcionamento para se tornar ainda maior e constante no seu dia a dia.

Desabroche seu amor, sua luz e sua felicidade!

Floresça!

Capítulo 1

> "Ser feliz sem motivo
> é a mais autêntica forma
> de felicidade."
> (Carlos Drummond de Andrade)

1 Felicidade — a importância das emoções positivas

Psicologia Positiva

Você já ouviu falar de Psicologia Positiva? Entende do que ela trata? Esse campo da psicologia ajuda você a tornar seus pensamentos positivos e transformar seus hábitos e sua vida num ciclo de positividade, ainda que você passe por situações ou momentos difíceis.

Como isso é possível?

Martin Seligman, conhecido como idealizador da Psicologia Positiva ou "florescimento", nome escolhido para indicar a autêntica felicidade, explica que é possível cultivar os bons pensamentos. Podemos criar hábitos que nos façam ter pensamentos positivos de forma constante, desenvolvendo empatia, resiliência e positividade, características que nos ensinam a enfrentar situações difíceis de outra maneira.

Ou seja, a Psicologia Positiva não elimina nossos problemas, mas nos leva a uma nova percepção sobre a vida e sobre nós mesmos, a partir de um novo posicionamento perante nossos pensamentos.

Pensamento gera ação e ação gera emoção. Um conjunto de pensamentos, ações e emoções se tornam um hábito e, portanto, uma nova forma de viver.

A psicologia positiva trabalha em três níveis.

- Com as experiências subjetivas, que se referem ao bem-estar, satisfação e felicidade.
- *Soft skills*, sensibilidade, perseverança, capacidade de perdoar, busca pela espiritualidade e capacidade de amar.
- Por último, o modo como cada um atua de forma coletiva: cidadania, responsabilidade, altruísmo, tolerância e ética.

Esses níveis bem trabalhados geram um sistema imunológico melhor, criatividade e resistência às dificuldades do dia a dia; o que leva o indivíduo à resiliência.

As pessoas que se desenvolvem nesse sentido tendem a ter um poder aquisitivo mais alto e têm como colaborar no florescimento de seu entorno, como com as pessoas no seu bairro, nas escolas, empresas, academias, instituições etc.

O processo central da Psicologia Positiva é trabalhar de modo que o otimismo faça parte do indivíduo, alterando sua capacidade de controlar seus pensamentos, sempre elevando o foco para algo bom. Mesmo quando algo ruim ocorre e os pensamentos seguem nessa direção, a Psicologia Positiva ensina as pessoas sobre como transformar a percepção sobre um problema de forma otimista.

Isso é possível? Sim!

Imagine que você teve um dia muito ruim, porque brigou com alguém. Você pode ficar muito chateado, decepcionado, frustrado e imaginar que nunca mais falará com aquela pessoa. Mas com uma nova percepção a partir da Psicologia Positiva, você leva seu pensamento à informação de que aquele foi apenas um dia ruim, mas não uma vida ruim. E a mesma linha de pensamento se estende à pessoa que o magoou. Você leva em consideração seu nível de maturidade, a possibilidade dessa pessoa também estar vivendo um dia ruim ou até mesmo uma fase difícil em sua vida. Você começa a entender que não é necessário crucificar a pessoa com quem discutiu, mas compreende que aquela é uma situação passageira e não o todo.

Esse tipo de comportamento, ainda que individual, começa a afetar o entorno do indivíduo, o que leva a Psicologia Positiva a atuar também em lugares coletivos como no ambiente profissional ou escolar, já que pessoas em cargos estratégicos podem atuar de forma positiva, influenciando todos os demais a se tornarem melhores.

Para Barbara Fredrickson, diretora do Laboratório de Emoções Positivas e Psicofisiologia da Universidade da Carolina do Norte, as emoções positivas são fundamentais ao processo do florescimento e do bem-estar. A pesquisadora é responsável pela Teoria *Broaden-and-Built* das Emoções Positivas, que diz que algumas emoções positivas, como alegria, satisfação e amor podem expandir nossos pensamentos e ações e construir nossas ferramentas pessoais, físicas, intelectuais, sociais e psicológicas, obtendo um melhor nível de consciência, probabilidade maior de vivenciar experiências positivas, descobrir o propósito de vida, ter uma vida social com qualidade e melhorar o nosso redor.

Por último, a Teoria do Flow, de Mihaly Csikszentmihalyi, afirma que quanto mais há trabalho e foco em uma ação com significados positivos, mais crescimento pessoal acontece e, consequentemente, mais florescimento.

O significado acontece quando o indivíduo consegue ter coerência entre o que ele pensa, sente e faz. E apesar de parecer algo simples, é preciso ser trabalhado, treinado, até que se torna um hábito, algo automático no dia a dia.

Esse *flow* gera autoconfiança e torna a vida da pessoa relevante para ela mesma, trazendo um direcionamento e caminho com metas positivas e performance de satisfação.

É um círculo virtuoso. Quase como a velha frase: gentileza gera gentileza. Positividade gera positividade.

Emoção x Pensamentos

Para que você possa começar a aplicar a Psicologia Positiva em sua vida, **faço o convite** para a compreensão das suas emoções e da diferença entre elas e seus pensamentos.

Você sabe, de verdade, quem está por trás das suas emoções?

É possível que, logo de cara, você pense que todos os acontecimentos externos, aquilo que acontece à sua volta, é o que determina as suas emoções. Ou seja: ação e reação.

Mas não é bem assim, pois antes que um acontecimento externo possa gerar em você uma emoção, existe o pensamento que você produz em relação ao acontecimento externo e, posteriormente, cria a sua emoção como resultado.

Vou citar um exemplo: você sai na rua do seu condomínio, ou numa rua perto da sua casa e um cachorro quase morde você. Qual seria a sua reação? Não precisa responder para mim, mas para si mesmo.

- **Situação número 1:** você procura imediatamente o dono do cachorro, para fazer uma reclamação.

- **Situação número 2:** você fica feliz e aliviado, afinal o cachorro não mordeu você. Depois disso, você pensa em aconselhar fortemente o dono do cachorro, para que o seu animal use uma coleira.

É claro que, nesse exemplo, o cachorro deveria estar com a coleira, a questão não é se o dono do cachorro está certo ou errado, pois o cachorro pode simplesmente ter escapado de seu dono, quando descia do carro. Ou não, pode ser mesmo que o dono desse cachorro seja negligente e não se importe com as pessoas. Mas qual é o seu papel diante de uma situação dessas?

A reação que você vai ter é de sua responsabilidade. Se, imediatamente, você quer discutir com o proprietário do cachorro, você atropela a possibilidade de se sentir grato por nada demais ter acontecido. Existe uma maneira positiva e negativa de encarar essa situação. Ainda que o dono do animal esteja errado, você pode escolher não ficar indignado, não discutir e não sentir raiva.

"Ah, mas ele está errado, eu devo contribuir para que ele melhore o seu comportamento na sociedade." Sim, você pode fazer isso, mas sem discussão e sem emoções negativas. Até porque, irritado, dificilmente se convence alguém. Nós nos tornamos convincentes quando agimos com calma e serenidade.

Já, se você se imaginou, na segunda reação, sentindo-se aliviado por não ter sido mordido pelo cão e, em seguida, conseguiu se imaginar conversando amigavelmente com o dono do cachorro sobre a necessidade e maior segurança do seu bairro, de que o cão use coleira, tanto melhor. Você vai embora aliviado por não ter sido mordido e de bom humor. Já na outra situação, você vai embora sem se sentir grato, irritado e mordido de raiva.

Na vida, enfrentamos problemas todos os dias. Mesmo que você não saia de casa para evitar os problemas, me responda uma pergunta: você não morreria de tédio se ficasse trancado, sozinho, simplesmente para evitar qualquer sofrimento em sua vida? Essa atitude não criaria outro tipo de dificuldade, como monotonia, solidão, depressão ou uma tristeza qualquer?

Nós sabemos: não há como fugir dos problemas. Não há vida que aconteça sem qualquer dificuldade ou contrariedade.

Mas então, como eu faço para viver bem? A resposta simples e fácil é: aprenda a ser amigo de seus problemas. Como assim, ser amigo de meus problemas?

Cada vez que você enfrentar uma dificuldade, posicione-se diante da situação como alguém que está num jogo de videogame e tem que enfrentar uma situação difícil. Com a certeza de que, no final dessa fase, você estará mais forte e pronto para uma nova situação. E, assim como num jogo, você ganha créditos para si mesmo, pois você se torna mais forte, mais maduro e mais experiente na vida.

Dependendo da situação, também ganha poderes, como se tornar uma pessoa mais resiliente, mais paciente, mais amável e até mesmo bem mais feliz.

Uma pessoa que consegue controlar seus pensamentos e suas emoções diante de problemas também passa a ter mais admiração das pessoas ao seu redor. Por isso, você se torna mais amado, por se tornar uma pessoa melhor e mais otimista.

De onde vêm nossas emoções?

De uma maneira mais profunda, você sabe dizer de onde vêm as suas emoções?

Você entende que todo ser humano é dotado de mente consciente e inconsciente? E que elas possuem outras camadas mais profundas? Você entende o que significam esses termos?

A nossa mente consciente é responsável por tudo aquilo que acontece no nosso dia a dia: nosso raciocínio, nossos pensamentos, nossas memórias mais recentes e tudo aquilo que diz respeito ao nosso lado racional. Essa mente é representada pelo cérebro.

A mente inconsciente é responsável pelas nossas memórias mais profundas, a memória coletiva e a memória de nossos ancestrais, que carregamos em nós mesmos e o que nos tornam, muitas vezes, seres primitivos; pois repetimos ações até mesmo de nossos primórdios, do tempo das cavernas. Essa mente é representada pelo corpo e pelo coração.

Não se engane, quando você sente medo e tem uma vontade desesperada de sair correndo e fugir da situação, você só está repetindo aquilo que nossos mais antigos ancestrais faziam quando estavam em perigo, quando eram perseguidos pelos animais. Perigo? Corra, fuja! Porém, nosso mundo mudou. Quando temos um problema e não podemos sair correndo, qual é a solução? Reagirmos com pensamentos positivos.

O nosso inconsciente também é responsável pelas nossas reações corporais. Nosso corpo fala e não mente jamais. Se, de alguma maneira, a nossa mente consciente é capaz de criar uma mentira, alguém que tem conhecimento da linguagem corporal pode perceber pelo nosso corpo, que estamos mentindo. Por exemplo: se eu digo que gosto de uma pessoa, mas, verdadeiramente, eu não gosto, pode ser que os meus olhos estejam olhando para cima, para o lado esquerdo. Isso significa que estou mentindo e o meu corpo está me delatando.

Outra característica interessante do nosso corpo: quando estamos apaixonados, nossas pupilas se dilatam rapidamente quando em contato com a pessoa amada. Ou seja, eu posso até dizer que não gosto daquela pessoa, mas meus olhos me entregam.

Você percebe como o consciente e o inconsciente podem trabalhar juntos, mesmo vivendo em total divergência?

Por isso, temos dentro de nós mesmos uma guerra que parece eterna: cérebro versus coração, racional versus irracional, pensamentos versus emoções.

Quando o ser humano toma consciência disso, entende que pode e deve controlar melhor o seu inconsciente e entender como ele funciona, assim se melhora como indivíduo.

Se eu quero ter melhores pensamentos e melhores emoções, devo, em primeiro lugar, entender o que eu tenho, como traumas, dores e memórias da infância no meu inconsciente, para acessá-las e tratá-las. Em uma única palavra: a cura!

De outra maneira, se eu quero melhorar as minhas emoções e meus pensamentos, também posso cuidar melhor do meu corpo, por meio de uma melhor qualidade de vida, com uma alimentação saudável, exercícios físicos e autocuidados, como uma massagem relaxante, um curso de ioga ou de meditação, dentre outros. Cada vez que eu cuido de mim por fora, eu cuido também por dentro. E vice-versa.

O inconsciente é responsável pelas minhas memórias mais profundas, enquanto a minha mente consciente é responsável por aquilo que eu penso no dia a dia. Mas de que forma eles interagem e influenciam a minha vida, tornando-me feliz ou infeliz?

O inconsciente, quando nunca é acessado e trabalhado, mantém todas as suas dores e traumas da infância, da adolescência, de uma perda ou traições. Porém se você trabalha essas questões por meio de terapia, cursos de autoconhecimento, ferramentas como barras de *Access, Thetahealing*, Constelação, sessões de psicologia ou psicanálise, dentre tantas ferramentas que existem hoje, você resolve esses problemas, de maneira que o seu inconsciente não influencia mais a sua mente de maneira negativa, porém positiva.

Vamos fazer um exercício sobre o consciente e o inconsciente para que você compreenda a diferença entre essas duas mentes que regem você?

Exercício

1. Leia as situações a seguir e escreva quem está mais influenciando você, em cada momento. Sempre temos as duas mentes trabalhando, mas há momentos em que uma delas se sobressai. Siga o exemplo:

Situação	Consciente ou inconsciente?
Você está com **raiva** porque o cachorro quase mordeu você	Inconsciente (emoção)
Você não para de **pensar**, seus pensamentos estão acelerados	Consciente (mente pensante e racional), possivelmente influenciada pelo Inconsciente (ansiedade, emoção)
Você trata seu cônjuge **igual sua mãe**	Inconsciente (você repete os padrões dos ancestrais de forma automática)
Você briga com seu filho por um motivo bobo, porque **seu pai também brigava com você** por esse motivo	
Você está **triste** porque alguém morreu	
Você está **relaxado durante uma massagem**	
Você está **feliz** porque está apaixonado	

Emoções e sentimentos

Você conhece as cinco emoções universais? Elas são: o medo, a tristeza, a alegria, a raiva e o nojo.

Se você se lembrou do filme *Divertida Mente*, ótimo! Senão, assista, para entender melhor como funciona a nossa mente, de forma que você irá melhorar o controle sobre você mesmo com esse conhecimento. Além do que, o filme é divertidíssimo!

É importante que você entenda que emoção não é a mesma coisa que sentimento. Emoção é aquilo que eu sinto num determinado momento, existe um tempo determinado para que essa emoção aconteça, que costumam ser reações aos acontecimentos ao meu redor. Já o sentimento é uma mistura das minhas emoções e pensamentos e que tem duração de longo prazo. Por exemplo, se eu estou apaixonada e encontro com uma pessoa que eu amo, eu posso sentir muita alegria e essa emoção dura o tempo em que eu estiver com ela. Já o sentimento, que pode ser o amor ou uma paixão, pode durar alguns meses.

E mesmo que, depois de um tempo, eu termine essa relação, posso me recordar da emoção de alegria que senti todas as vezes em que me encontrei com aquela pessoa; além do amor ou paixão, que senti durante aqueles meses.

Esse exemplo também serve para explicar algo muito interessante: a emoção é atemporal. O que isso quer dizer?

Não importa quantos anos eu tenha, sempre que pensar em uma emoção que marcou a minha vida, ela terá quase sempre o mesmo efeito, a cada vez que for lembrada.

Se uma pessoa que eu amava muito morreu, é provável que eu tenha chorado muito em seu enterro. Mesmo que se passem vinte anos, a cada vez que eu me recordar dessa cena, eu, provavelmente, sentirei uma tristeza igual ou muito parecida.

Já os nossos sentimentos mudam, de tempos em tempos. Lembra da história de estar apaixonada por alguém? Depois de muitos anos, se eu até já me casei com outra pessoa, posso afirmar que naquela época me sentia apaixonada, porém os sentimentos não são mais os mesmos, mas a emoção que me marcou pode ser sentida ainda da mesma forma ou quase como anteriormente.

Como melhorar as minhas emoções?

Se as emoções são tão importantes na minha vida, o que posso fazer para melhorá-las? Como aplicar a Psicologia Positiva na prática?

Você pode tomar algumas providências, que deverá inserir em seus hábitos para sempre:

1. Mude seus pensamentos!
2. Transforme suas crenças limitantes!
3. Pratique a gratidão!
4. Dessa forma, transforme suas reações!
5. Com isso, você tem novas emoções, mais equilibradas e positivas!

O nosso cérebro produz milhares de pensamentos por dia e ao mesmo tempo. Não temos controle sobre a velocidade ou a forma que nosso cérebro produz os pensamentos. É como uma fábrica, no modo automático e incessante.

O mais importante é que você se torne capaz de identificar os pensamentos que estão mais atuantes na sua cabeça.

Comece a se autoanalisar e perceber quais são os pensamentos que você tem diariamente, pois nossos principais pensamentos se repetem. Quer um exemplo? Se a sua situação financeira incomoda, é provável que você pense sobre isso inúmeras vezes por dia.

Se você tem uma mágoa muito antiga em relação ao seu pai, é bem possível que você pense nele com raiva ou com muita tristeza com frequência.

Por outro lado, se você tem um cachorro, que você adora, é bem possível que você se lembre do seu cachorro em vários momentos, como, por exemplo: num comercial de televisão, num *post* que você viu no *Facebook* ou no *Instagram*, vendo uma loja de *pet shop* na rua, na hora do trabalho em que está com fome e fica pensando se o seu cachorro já comeu ou não etc.

Se você tem o desejo de ter um carro específico ou uma determinada roupa que colocou em sua mente, que precisa comprar, é provável que você pense nessas coisas com frequência, até que consiga realizar esse desejo.

Todos temos pensamentos repetitivos, mas não pensamos muito sobre quais são os que mais se repetem, por isso devo analisar se esses pensamentos estão de acordo com o que me faz bem ou não e a partir daí transformá-los em algo melhor.

Vejamos: o que são pensamentos positivos? Todo pensamento que gera uma emoção positiva, seja esse pensamento interessante ou não, importante ou não, não importa. O que isso quer dizer? Mesmo que eu tenha pensamentos bobos, como uma música tocando na minha cabeça ou a imagem do meu gato brincando com a água na pia do banheiro, se isso me faz feliz, eu devo continuar pensando nisso. Principalmente, em momentos em que eu me sentir triste ou com raiva. Posso usar esses pensamentos como uma válvula de escape, como um atalho que eu uso para bloquear os pensamentos ruins e continuar me mantendo positivo.

Por outro lado, o que são pensamentos negativos? Todos os pensamentos que geram uma emoção negativa. Toda vez que penso em alguma mágoa, ressentimento, escassez, preocupações, coisas que não tenho, problemas na família, traumas de infância, tudo isso é negativo e, com certeza, traz emoções negativas. Aqui deverá estar o seu foco, identificar quais são os pensamentos negativos que povoam a sua mente, para identificar crenças limitantes, padrões familiares e traumas que estão bloqueando a sua vida, porque estão repetindo pensamentos negativos em sua mente, sabe lá Deus desde quando.

Vamos fazer um exercício?

Exercício

2. Que tipo de pensamentos você costuma ter no seu dia a dia, com frequência? Siga o exemplo a seguir. Seja sincero com você mesmo e escreva, nos espaços, o que lhe vier à cabeça:

Pensamento	Emoção
De manhã, você acorda incomodado com o despertador, porque não gostaria de acordar cedo todos os dias, sente-se cansado.	Tristeza
Você se olha no espelho e se sente...	
Quando você almoça, você costuma pensar em...	
Quando chega mensagem no seu celular, você sente...	
Quando você toma um café, você...	
Quando você tem que pagar um boleto, você sente...	
Quando você olha para o seu filho ou alguém que você ama, você sente...	

3. Agora, refaça essa mesma tabela, escrevendo como você poderia fazer melhor. Siga o exemplo a seguir e se lembre de ser transparente com você mesmo:

Pensamento	Um pensamento melhor
De manhã, você acorda incomodado com o despertador, porque não gostaria de acordar cedo todos os dias, sente-se cansado.	Você se lembra que tem saúde para levantar e um emprego o qual lhe sustenta e, por isso, decide sentir-se grato.
Você se olha no espelho e se sente...	Feliz por ser quem você é e estar saudável.
Quando você almoça, você costuma pensar em...	
Quando chega mensagem no seu celular, você sente...	
Quando você toma um café, você...	
Quando você tem que pagar um boleto, você sente...	
Quando você olha para o seu filho ou alguém que você ama, você sente...	

4. Lembra da história do bichinho de estimação? Complete a tabela a seguir com situações que você considera incômodas e escreva à frente algo que possa pensar e tornar uma válvula de escape para você, a cada vez que se perceber com um pensamento negativo:

Situação	Pensamento positivo
Percebo que esqueci de pagar uma conta e, por isso, irei pagar uma multa.	Penso que da próxima vez estarei mais atento e não dou muita atenção para a multa, mas para o processo de melhoria de mim mesmo.
Estou preso no engarrafamento.	Ligo o rádio e penso em como será divertido chegar em casa e brincar com meu cachorro.
Estou na sala de espera de um médico, sem celular.	Assobio uma música e penso no meu gato ou na pessoa por quem estou apaixonado.
Estou com excesso de peso.	
Perdi minha carteira.	
Estou atrasado para uma reunião.	
Sinto-me sozinho.	

Todas as situações anteriores são possíveis para qualquer um, pois tudo isso pode acontecer, num momento ou outro. Existem coisas que podemos evitar, mas nunca estaremos totalmente livres dos percalços na vida.

Quando começo a treinar os meus pensamentos, de maneira que eles se tornem mais positivos do que negativos, o mesmo acontece com as minhas emoções.

Lembre-se de que as suas emoções são o melhor termômetro para descobrir se seus pensamentos estão bem encaminhados ou não.

Se, a maior parte do dia, eu me senti feliz, alegre e motivado, isso significa que meus pensamentos estiveram a maior parte do tempo trabalhando de forma positiva. E vice-versa.

Lembre-se de sempre analisar os seus pensamentos. Como temos muitos pensamentos ao mesmo tempo, durante todo o dia, é cansativo fazer esse controle. Por isso, usamos o termômetro das emoções.

A cada vez que você se sentir triste ou com raiva, pare imediatamente o que está fazendo e preste atenção aos seus pensamentos. Identifique qual é o pensamento que está vindo em sua mente e se está acontecendo de forma repetitiva.

Uma vez que você identifique esse pensamento, tente transformá-lo em algo positivo. Ainda que seja algo ruim e verdadeiro, que realmente está acontecendo na sua vida, tente imaginar que esse problema em breve será solucionado. Pense nos caminhos que pode trilhar para solucionar esse problema.

Este é o caminho para o seu florescer!

Por exemplo, imagine que, neste momento da sua vida, você não tem muito dinheiro ou o tanto que gostaria de ter. Em vez de se culpar por não ter muito dinheiro, comece a pensar em que treinamentos e cursos pode começar a fazer para entender melhor sobre como lidar com a sua situação financeira. Comece a focar os pensamentos em soluções, pois se você foca simplesmente nos problemas, não consegue sair do lugar. Porém, se você começa a focar nas possíveis soluções e na melhora dos seus problemas, é o que vai começar a acontecer na prática.

Tudo o que a sua mente é capaz de criar, também é capaz de concretizar.

Uma vez que você começa a pensar mais nas soluções, de uma forma muito natural, em breve, estudará o que for necessário para mudar sua situação. É possível, até mesmo, que você tenha uma ideia genial e quem sabe vir para o universo digital e criar uma forma de vender seu conhecimento.

Todo pensamento positivo gera uma ação positiva, que gradativamente se transforma em várias ações positivas. Ou seja, um pensamento positivo sempre atrairá outro pensamento positivo. Se você consegue transformar o seu hábito de pensar em algo positivo, a longo prazo, você transforma toda a sua vida.

Você floresce.

Capítulo 2

"Felicidade é a certeza de que a nossa vida não está se passando inutilmente."

(Érico Veríssimo)

2 Sua felicidade e realização dependem de você

Flourishing, o círculo vicioso e o círculo virtuoso

Flourishing é uma das áreas da Psicologia Positiva, considerada um conceito importante porque aborda diversas teorias e noções da Psicologia Positiva, como Inteligência emocional, felicidade e capacidade de controlar os pensamentos positivos e as emoções. Essa área da Psicologia Positiva permite que psicólogos possam avaliar e medir a felicidade de seus pacientes, bem como seus propósitos, percepções e outros tópicos relevantes para o bem-estar.

Essa área de estudo também permite que as pessoas se autoanalisem, percebendo em que círculo estão no momento, criando a possibilidade de melhorá-lo.

Você já parou para pensar, se você está em um círculo vicioso ou círculo virtuoso neste momento da sua vida?

Pois saiba que esses dois círculos são diretamente responsáveis pela sua felicidade e realização e, por isso, dependem de você!

Quando falamos nesses círculos, nos referimos a qualquer situação, tanto no sentido individual quanto no sentido coletivo. Lembrando, em primeiro lugar, que o significado da palavra círculo é um ciclo que se repete.

No caso do círculo virtuoso, são hábitos e ações positivas, que, repetidas, denotam qualidade na vida de uma pessoa ou de uma sociedade, seja ela pequena, média ou grande, como uma escola, um bairro ou um país.

Já o círculo vicioso, que também é um ciclo que se repete, tem ações e hábitos negativos, que a curto, médio ou longo prazo traz resultados indesejados.

Se você já ouviu falar da Lei da Atração, sabe que os pensamentos são responsáveis pela nossa qualidade de vida. Temos pensamentos repetidos todos os dias, assim como nossos hábitos acontecem de forma automática. Eles, simplesmente, são criados em nossos pensamentos e se repetem indefinidas vezes.

Segundo cientistas, temos cerca de 50 a 70 mil pensamentos por dia. Você dá conta de tudo isso?

Vamos fazer uma conta! Esse número resulta em quase três mil pensamentos por hora e cerca de 50 por minuto. Você é capaz de registrar os 50 pensamentos que tem em sessenta segundos? Não? Ok, não se assuste!

O hábito de pensar é algo automático e que, à primeira vista, está fora de controle. Mas não é bem assim. Apesar de nossos pensamentos estarem numa velocidade acima do que podemos controlar, existe uma maneira de analisarmos tudo o que estamos pensando e, assim, de melhorar a qualidade desses pensamentos.

Mas como assim?

Nossas emoções, como falamos no último capítulo, são o melhor termômetro para qualificar o nível daquilo que estamos pensando.

Basta que eu observe o meu próprio corpo: como está a minha respiração? Rápida ou lenta? Como está a minha musculatura? Eu estou enrijecido, balançando os braços, as mãos ou estalando os dedos? Quando balanço o pescoço, ele estala ou está totalmente flexível? Quando presto atenção em meu coração, ele está acelerado ou devagar?

É por meio do corpo que percebo o meu nível de calma ou de ansiedade, algo muito simples de se observar.

Se eu estou sentindo ansiedade é porque dentro de mim há alguma raiva ou tristeza, gerando angústia, ressentimento e outros sentimentos negativos. O contrário também é verdadeiro: se estou me sentindo em paz, calma e tranquila é porque minhas emoções estão conectadas com a alegria.

Devemos estar atentos ao próprio corpo e nível de tranquilidade ou ansiedade com frequência e regularidade.

A partir do momento que crio o hábito de estar atento às próprias emoções e aos sinais que elas transmitem, por meio do corpo, estarei ao mesmo tempo monitorando os meus pensamentos.

Quer fazer um teste?

Primeiro teste: pensamentos positivos

Após ler este parágrafo, respire fundo e feche os seus olhos por alguns segundos.

Você deverá pensar num dos melhores momentos que está vivendo na sua vida agora, ou algo que já viveu.

Por exemplo: você pensa no relacionamento que está tendo, caso esteja apaixonado. Ou você pensa no seu filho, se você já é pai ou mãe. Pensa no seu bichinho de estimação. Você imagina o seu maior sonho, como: fazer uma viagem internacional, morar fora do país, se tornar pai ou mãe, se casar, comprar um carro novo ou uma casa nova.

Esteja atento! Você vai, então, fechar seus olhos por alguns segundos, respirar fundo e pensar em alguma das situações anteriores.

Conseguiu? Qual foi a reação do seu corpo? Como ficou a sua respiração? E seus batimentos cardíacos? E a musculatura de todo o seu corpo?

O provável é que sua respiração tenha ficado tranquila, bem como os seus batimentos e toda a musculatura de seu corpo tenham ficados relaxados. E isso deve ter acontecido porque pensamentos bons e emoções positivas estão conectados entre si.

Você está preparado para fazer o exercício contrário?

Segundo teste: pensamentos negativos
Respire!

Para fazer este exercício, você também deverá fechar os olhos por alguns instantes e imaginar o seguinte: pense em alguém ou alguma situação, que incomodou você recentemente ou em algum momento difícil da sua vida.

Por exemplo: alguém que traiu você, uma pessoa que inventou uma fofoca a seu respeito, alguém que ficou em dívida com você e não se importou em pagar o valor devido, um colega que certa vez proferiu palavras negativas em relação à sua pessoa, ou ainda uma situação como uma fase sem dinheiro, um momento de solidão, uma doença e coisas do tipo.

É provável que sua respiração e seus batimentos cardíacos tenham se acelerado, bem como o seu ombro ter se movimentado ou partes do seu corpo, tentando se rearranjar. Isso acontece porque você sente emoções negativas como raiva e tristeza e seu corpo manifesta desconforto e mal-estar.

Com esses dois exercícios, você foi capaz de perceber o quanto o seu corpo e suas emoções servem como termômetro para seus pensamentos?

Tome posse desse conhecimento tão simples e fácil de ser trabalhado, a partir de agora. Você pode aprender a controlar seus pensamentos, administrá-los de maneira positiva, de forma que pode mudar toda a sua vida.

Mas porque eu vou perder tempo fazendo isso?

Quantos pensamentos temos por dia?

Porque você estará controlando cerca de 50 a 70 mil pensamentos por dia. Imagine que se esses pensamentos são seus funcionários. Você não gostaria de administrá-los? Saber o que eles estão fazendo?

É mais ou menos para isso que estou convidando você a começar a fazer em sua vida, pois esses pensamentos são, sim, seus funcionários. Tudo o que eles fazem interferem em sua vida todos os dias, dia após dia, hora após hora. E, a longo prazo, isso define se você é uma pessoa feliz ou infeliz, calma ou inquieta, próspera ou fracassada, alegre ou triste, bem ou mal-humorada e por aí vai.

Se você puder encarar seus pensamentos como pessoas que trabalham para toda a sua vida, talvez tenha uma noção mais forte da importância que eles têm para a sua trajetória, para tudo o que você faz e alcança, bem como para as pessoas ao seu redor.

Círculo virtuoso

Um círculo virtuoso se faz com pensamentos positivos.

Logo ao acordar, uma pessoa que já alcançou um nível virtuoso de pensamentos é alguém que, ao se levantar, logo respira fundo, estica o corpo, sente-se grato pela noite bem-dormida e quiçá faz uma oração, agradecendo ao momento e à tranquilidade de uma madrugada tranquila ou pelo dia que se inicia.

Ao sair da cama e seguir para o chuveiro, essa pessoa toma um banho, sem pressa, e se sente grata pela água e pelo momento. Ela pensa nas coisas boas do dia anterior e de como essas coisas boas podem se repetir no dia atual: como um dia produtivo de trabalho, uma brincadeira com o bichinho de estimação, uma comida gostosa que está na geladeira, uma música nova que não sai da sua cabeça, a pessoa por quem está apaixonada, novos projetos, uma série na *Netflix*, um jogo de videogame, a leitura de um livro muito bom, um curso que está em andamento, a possibilidade de comprar uma roupa nova, uma viagem de fim de semana, um bom dia para uma pessoa querida e tanto mais.

O indivíduo, quando está no círculo virtuoso, usa seu tempo com foco em pensamentos positivos. Sabemos que manter cem porcento dos pensamentos positivos não é uma tarefa fácil, mas ela é mais tranquila quando estamos sozinhos, no conforto do nosso lar. Então, se essa é uma tarefa inicial para você, comece na sua casa, num horário tranquilo e perceba as reações do seu corpo.

Vai chegar um instante em que você vai sair da sua casa e irá se deparar com pequenas adversidades, como: um trânsito complicado, pessoas mal-humoradas, um *motoboy* que bate no retrovisor do seu carro, alguém que toca a campainha da sua casa, um telefonema desagradável de *call center* ou fraude, um colega que faz um comentário infeliz ou negativo, um familiar que adoece, notícias da política, economia ou pandemia na televisão etc.

Diante da segunda opção, estamos falando do mundo real, em que vivemos, cheio de problemas, dificuldades e injustiças. Não é fácil viver neste mundo e não se sentir revoltado e indignado por várias vezes. Mas não devemos absorver toda a raiva, ira e indignação que sentimos, mas ter um pensamento positivo sobre como estar bem em primeiro lugar, para que em possíveis ocasiões, possamos atuar ao contrário daquilo que nos incomoda.

Mas lembre-se: antes de ajudar o próximo ou o meu entorno, eu devo estar bem comigo mesmo, senão a suposta e bem-intencionada ajuda não dura muito tempo ou nem funciona.

O círculo virtuoso não ignora as adversidades da vida, mas não foca nela.

Quando eu estou num círculo, eu olho para as dificuldades e sofrimento, com resiliência, com a percepção de que o momento ruim servirá como aprendizado, para que eu me transforme numa pessoa mais forte e melhor, como sempre acontece na vida de todas as pessoas.

Todos fugimos do sofrimento, mas temos noção de que é ele que nos transforma e nos tira da zona de conforto, para uma situação ou local melhor. Apesar de estarmos cientes disso, ainda assim, não queremos sofrer, é natural do ser humano. Porém, devemos nos lembrar que é a adversidade que nos muda, nos leva a um patamar que antes não seria alcançado sem o determinado sofrer.

Quando uma dor ou uma situação complicada chega, devemos nos tornar resilientes diante disso.

Devemos saber diferenciar resiliência e passividade.

Se o problema que chega é algo sobre o qual eu não tenho nenhum controle, então eu me torno resiliente e aceito a situação.

Se o problema é algo que eu posso sanar e aceito, estou sendo passivo e isso é errado. Passividade não costuma ser algo positivo, pois é a falta de ação no momento em que ela se faz necessária. Já a resiliência é aceitação de uma situação, que eu não posso mudar, como, por exemplo: a pandemia. Por isso, eu tomo as precauções necessárias e faço o possível para evitar seus problemas e consequências mais negativas.

Diante de situações, como a situação econômica do país, corrupção, pobreza, injustiças, falta de policiamento, escolas, creches e tanto mais; eu não posso, nem devo me afligir. Se isso me incomoda muito, eu devo, sim, agir, de maneira a atuar na política, no bairro, na escola, numa igreja ou em situações favoráveis, onde posso atuar positivamente, mas nunca absorver a decepção e frustração com o momento que é muito maior do que eu, tornando-me uma pessoa rancorosa, irada e mal-humorada.

Círculo vicioso

O círculo vicioso é exatamente o contrário do círculo virtuoso. Tanto no modo individual quanto no coletivo. Individualmente falando, se eu sou uma pessoa que sempre reclama de tudo, fala do passado de maneira negativa e temo o futuro, então, eu estou treinando os meus 50 a 70 pensamentos diários, ou funcionários, de forma negativa.

Se uma pessoa pensa nas coisas ruins que aconteceram a ela no dia anterior – um copo de leite que derrubou na pia, uma conta que está em aberto, uma cobrança indevida por telefone, uma discussão que teve com o seu pai ou sua mãe, as tarefas que estão atrasadas, a casa que não gosta, o trânsito ruim que terá que enfrentar ao sair de casa, o mau humor de outra pessoa, um parente distante que a magoou etc. – ela se tornará alguém extremamente negativa.

Ao tomar banho, essa pessoa, provavelmente, não sentirá a delícia da temperatura morna da água ou o alívio que é o frescor de um banho matinal. É provável que essa pessoa tome um banho rápido, bufando e de mau humor. Desde cedo, começa a ter uma crise de ansiedade, no início do dia e que se estenderá até sua última respiração, antes de adormecer.

Uma pessoa com pensamentos negativos constantes acaba tendo o seu corpo sempre em estado de alerta: tem respiração rápida, batimentos cardíacos acelerados, braços, pernas e mãos balançando em vários momentos do dia, desconforto físico geral e emocional, que a acompanhará pelas próximas 24 horas.

Quando não se tem consciência a respeito dessas informações tão simples ou se decide não pensar sobre isso, a pessoa fica à mercê de pensamentos, sejam eles positivos ou negativos. É mais provável que eles sejam negativos, pois vivemos numa sociedade difícil e que ainda está engatinhando no quesito de ensinar as pessoas a trabalharem sua inteligência emocional e autoconhecimento, o que acaba significando a ausência de autoanálise, exatamente o que estamos fazendo agora.

Aquele que tomou banho irritado, pensando apenas em coisas negativas, quase terá um infarto quando sair de casa e se deparar com o trânsito ruim. O *motoboy* que baterá no seu retrovisor, as notícias ruins que chegarão pelo rádio, o telefonema, possivelmente, com fraude em seu aparelho celular, uma notícia ruim que virá da sua família, o desabafo negativo de um colega, a chuva no meio do caminho ou um pneu furado etc.

Uma pessoa que já fica de mau humor, irritada e ansiosa dentro de casa e sozinha, não tem condições de sair de casa e enfrentar a vida sem que seus 50 a 70 funcionários ajam contra ela. O indivíduo entra em pane!

O círculo vicioso vem com pensamentos negativos ou positivos, que sempre se repetem e, por isso, a necessidade de nos tornarmos administradores de nós mesmos.

E sabe do que mais? Se você não fizer isso, quem irá fazer?

Não existe ninguém no mundo capaz de administrar os seus pensamentos por você. Você pode até contratar um *coach*, um psicólogo ou um excelente mentor, mas não poderá tê-lo 24 horas por dia na sua presença e, muito menos, dentro de sua cabeça. Um profissional pode orientar você, mas é como um médico. Ele faz a receita e você toma o medicamento, regularmente, na hora marcada. Já um profissional da terapia ou da psicologia orienta você em relação aos seus pensamentos, mas é sua responsabilidade controlá-los.

Mas vale a pena esse controle todo?

Você é quem sabe. É sua vida que está em jogo. Sua alegria, sua satisfação, sucesso, satisfação profissional, possibilidade de crescimento e prosperidade, bons relacionamentos, boas amizades, bons costumes e hábitos, conhecimento, autoconhecimento, desenvolvimento pessoal e por aí vai.

O contrário também é verdadeiro, se você não cuidar de seus pensamentos, você é responsável por tudo isso: tristeza, raiva, doenças, falta de amor, desequilíbrio físico e emocional, falta de prosperidade, insatisfação profissional, relacionamentos desequilibrados, solidão, desespero etc.

O que você escolhe para si? Desde o início deste livro, estamos falando da autopercepção, para desenvolver um padrão mental positivo e observar suas emoções. Tudo isso de uma forma muito simples, para que você possa absorver e compreender a importância de controlar e administrar os seus pensamentos.

Mas como eu faço isso?

Crie o hábito de perceber pensamentos positivos em você.

Avalie, neste momento, um pensamento positivo que é comum para você. Para o ajudar, vou relembrar alguns exemplos. Encontre pelo menos um, que faça sentido para você: a pessoa por quem você está apaixonado, seu melhor amigo, uma relação maravilhosa de cumplicidade que você tem com seu pai ou com sua mãe, sua carreira profissional, seu bichinho de estimação, seu filme favorito, uma música que toca fundo no seu coração, seu *hobby*, um sonho que deseja realizar como comprar uma casa, um carro, fazer uma viagem, passar o fim de semana na praia, andar de bicicleta; seja o que for.

Qual dos pensamentos anteriores você acredita que costuma se repetir em sua mente?

Qual dos pensamentos anteriores faz com que seu coração se sinta em paz e tranquilo?

Qual dos pensamentos anteriores despertou uma vontade de sorrir?

É nesse pensamento que você deve focar. Sempre!

Mesmo que seja um pensamento único, você deve criar o hábito de focar nisso. E se puder ser mais de um pensamento, melhor.

Quanto mais você foca em coisas positivas, mais pensamentos positivos chegam.

Quer um exemplo?

Se você pensa na pessoa por quem está apaixonado, você pode pensar sobre um jantar que teve com essa pessoa e, posteriormente, sobre a noite que passou com ela. Se insistir nesse pensamento, pode começar a pensar num presente que quer comprar para ela, depois sobre como essa pessoa vai se sentir quando for presenteada por você. Você também pode começar a pensar sobre uma viagem que irá fazer com essa pessoa, então, vai pensar em todos os lugares, que vai conhecer sorrindo com essa pessoa. E por aí vai.

Mas por que eu faria isso?

Porque, fatalmente, você irá se deparar com momentos e notícias ruins, diariamente. Assim é a vida, é como ganhar uma lista de problemas todos os dias, que devem ser resolvidos por você.

Portanto, quando eu crio o hábito de ter pensamentos positivos, focar minha mente em coisas que me fazem sorrir, eu crio a atitude constante de voltar meus pensamentos para aqueles, que eu já sei que funcionam de forma positiva para mim, para desviar a minha atenção daquilo que me incomoda.

Se vi uma notícia no jornal de estupro ou assassinato que me incomodou profundamente e eu não posso fazer nada a respeito, então, em vez de ficar repetindo a notícia que eu vi para outras pessoas, eu uso o pensamento positivo como válvula de escape, fugindo do círculo vicioso para o círculo virtuoso.

Lembrando mais uma vez: isso é autopercepção. É assumir o governo sobre a mente, consequentemente, emoções e comportamentos mais positivos florescerão. E isso muda a minha vida, transforma meu ser, minha qualidade de vida e todo o meu futuro.

Pode parecer apenas um detalhe, um momento, mas que, inevitavelmente, repetimos todos os dias, minuto a minuto, hora a hora, segundo a segundo. Então, é uma escolha a se fazer, que a curto, médio e longo prazo transformará todos os aspectos daquilo que somos e para onde estamos indo.

Cabe a você tomar essa decisão. Este livro é um convite para que você seja feliz.

Simples assim.

Pensamento, sentimento e comportamento hoje

Como estão os seus pensamentos, sentimentos e comportamento hoje?

Você é capaz de se autoavaliar?

Se você nunca fez isso, não tem problema, essa é uma das razões deste livro, ajudar você num caminho tão simples, mas que é absolutamente transformador.

Vou sugerir um exercício.

Assinale na tabela, como você se sente e pensa, em relação a cada um dos aspectos abaixo. Se você sentir que a sua reação é positiva, faça um x no positivo. E vice-versa.

Pensamento e emoção	Positivo	Negativo
Família		
Amor		
Amizade		
Dinheiro		
Saúde		
Tempo livre		
Sua casa		
Seus sonhos		
Sua rotina		
Seu futuro		

Agora, avalie a quantidade de itens que ficaram no campo positivo e a quantidade de itens no campo negativo. Essa avaliação já é um bom começo.

É claro que nem tudo na vida está bom o tempo todo. Nesse momento, você pode estar em paz com sua família, mas sentindo a falta de um amor. Ou, você pode ter um amor e ter brigado com seu pai ou sua mãe. Ou, ainda, você pode estar bem com tudo isso, mas está passando por uma fase financeira difícil. Pode ainda estar bem com tudo isso, mas estar sem tempo para si mesmo, devido ao excesso de trabalho. Pode ser que você ainda esteja bem com tudo isso, mas, apesar de todas as satisfações, está sofrendo de depressão, por não perceber o quanto está sobrecarregado ou frustrado com algo que nem sabe.

Ser humano é algo complexo, nos descobrimos a cada dia, a cada fase. Mas a partir do momento que começamos a trabalhar nossos pensamentos como algo constante, passamos a ver todos esses pontos como algo positivo, ainda que naquele quesito estejamos vivendo uma fase ruim.

Como assim?

A partir do instante que cultivo o hábito de administrar aquilo que penso e foco em algo positivo, ainda que eu esteja sem dinheiro, toda vez que esse pensamento invadir a minha mente, eu direciono o foco para a ideia de que no futuro receberei mais dinheiro e pagando minhas dívidas, me tornando próspero e mais bem-sucedido com o passar do tempo.

Se, neste momento, estou me sentindo sozinho, aceito a situação como um momento necessário para introspecção, acredito que essa fase servirá para me desenvolver pessoalmente, através de autoconhecimento e, possivelmente, fazendo cursos edificantes, de modo que minha energia e vibração se elevem e me tragam um amor saudável, exatamente como eu desejo.

Por outro lado, se estou vivendo um momento ruim, foco num pensamento, de que um novo trabalho surgirá para mim, uma transformação profissional irá acontecer ou ainda me tornarei um empreendedor. Foco o pensar numa possível transformação, no futuro, transformando a realidade desde já.

Se estiver me sentindo magoado, frustrado ou decepcionado com alguém, foco os meus pensamentos sobre o fato de que essa pessoa também é um ser humano e está num nível de maturidade, talvez, insuficiente para a situação que estamos vivendo juntos.

Levo em consideração que ela tem o direito de errar, ser imatura ou o que for. Eu aceito quem ela é e aceito seu momento. E mesmo que ela não me peça desculpas, eu aceito a sua pessoa e a situação. Isso me ajuda a me livrar da decepção, da mágoa e me faz ver que eu também tenho defeitos e sou passível de errar, tanto quanto a determinada pessoa.

Todos erramos e eu aceito isso, focando o meu pensamento e raciocínio numa lição, que essa situação trará para a minha vida e crescimento. Isso me gera alívio e abre a possibilidade para novos pensamentos, de seguir para algo positivo.

Vamos fazer um novo exercício?

Como você acha que pode mudar o seu comportamento agora? Siga o exemplo a seguir, criando válvulas de escape para você mesmo, que irão influenciar seus pensamentos posteriormente e consequentemente.

Pensamento e emoção	O que você pensa?	Como você ressignifica esse pensar?
Família	Estou feliz, mas queria que fosse melhor.	Estou feliz, sinto-me grato por como está a minha família e penso num encontro para melhorar ainda mais essa relação, onde falarei dos meus pensamentos sobre a vida.
Família		
Amor	Sinto-me só.	Vou usar meu tempo sozinho para fazer algo que me fará bem, como praticar um esporte e vou focar em coisas boas, para atrair alguém interessante para mim.
Amor		
Amizade		
Dinheiro		
Saúde		
Tempo livre		
Sua casa		
Seus sonhos		
Sua rotina		
Seu futuro		

Releia seus exercícios e se lembre que você é o principal e único responsável pela sua felicidade e realização!

Pense duas vezes antes de criticar: reflita!

Cuidado com a autocrítica, pois já vivemos num mundo onde há críticos demais e poucos providos de compaixão.

Antes de pensar nas pessoas que rodeiam você, pense em você mesmo. Quando você tem um problema, qual a sua reação em relação ao que acontece dentro de si? Você se critica em primeiro lugar ou se trata com compaixão?

É importante que você observe como se olha nesse sentido, pois antes de sermos bons ou ruins com os demais, estamos sendo assim com nós mesmos.

São nos momentos mais difíceis que podemos perceber se estamos sendo críticos ou piedosos com nossa individualidade. Consegue se lembrar do seu último momento de maior dor? O que pensou em relação a si mesmo? Você se criticou ou se perdoou pelo ocorrido?

Decida treinar em você a autocompaixão antes da autocrítica. Seja a maior motivadora de sua pessoa e aprenda a se perdoar. Todos falham e isso não seria diferente com você.

Treine a sua autocompaixão, aceitando a sua vulnerabilidade e se permitindo ser quem você é.

E depois que alcançar essa aceitação e prática em relação a si mesma, estenda-a para os demais. Assim fazemos um mundo melhor, a partir de nós mesmos.

Primeiro você, depois o mundo.

A autocompaixão nos permite nos tornarmos melhores e, depois disso, é que fazemos um entorno ainda melhor.

O que é bom contagia!

Passe adiante!

Em direção ao seu propósito

O autodesafio é também a automotivação, quando se atinge a capacidade de olhar o mundo a sua volta e buscar oportunidades, seja o momento bom ou ruim. Alguém que busca se incentivar o tempo todo, geralmente, é alguém que já se alinhou ao propósito de vida.

Lembre-se que o seu propósito é único e costuma estar ligado àquilo que você faz no seu dia a dia: empreendedorismo, o cuidar de alguém, aprender algo, fazer uma arte ou, simplesmente, trabalhar numa determinada área que você ama.

Se você ainda não se sente alinhado ao seu propósito, busque compreender o que mais ama fazer na vida. E faça! Abra-se para isso e alinhe seus pensamentos nesse sentido, para que, num futuro breve, você esteja praticando o seu propósito.

Com esse alinhamento, você aprende, naturalmente, a se autodesafiar. Como posso melhorar? Como posso colaborar mais? Aprender mais? E assim por diante.

Nesse processo há uma satisfação muito grande, que contagia os demais a sua volta. Esse momento da vida traz benefícios a sua vida, que serão compartilhados com quem convive com você.

Quando você atinge essa fase da vida, é porque já está florescendo. Mas deve estar sempre atenta, pois a vida sempre traz altos e baixos. E como bons vigilantes, temos que estar atentos para que, nos momentos difíceis saibamos nos automotivar, a nos autodesafiar com a dificuldade e nunca desistir.

Muitos se inspirarão em você e seguirão o seu exemplo. Não desista!
Continue!

Autoconhecimento
Você sabe quem você é, de verdade?
Muito mais do que seu reflexo no espelho, você é as histórias que carrega, seus pais, seus filhos, sua trajetória de vida e todas as escolhas que fez até aqui.

É importante que você aceite quem você é, bem mais do que aquilo que aparenta ser, mas o que vive dentro de si, com todas as dores que isso possa representar.

São nossas histórias mais tristes e difíceis que nos conectam aos outros seres humanos, pois é isso que desperta a compaixão do outro, a nossa vulnerabilidade como ser.

Com isso, você tem noção do que pode estar travando a sua vida? Inconscientemente, somos guiados por situações vividas no passado. O que passamos na infância e também pelas histórias dos nossos pais, nossos avós, toda a nossa ancestralidade, além da memória coletiva. Dessa forma, também podemos estar sendo influenciados por crenças limitantes, afirmações errôneas, que ouvimos durante a vida, seja por nossos pais ou por nosso meio social e que assimilamos como verdade, quando elas, na realidade, simplesmente nos limitam.

Digamos que você frequentou uma determinada religião a vida inteira e, inconscientemente, decidiu acreditar em tudo que ela fala para você. Se ela lhe faz bem, ótimo. Mas é importante que você avalie se essas crenças não estão limitando as possibilidades de você crescer na vida. Há pessoas que se tornam submissas, cegas e até mesmo alienadas, por acreditarem em algo, sem exercerem o raciocínio e o verdadeiro poder do livre-arbítrio, que consiste em decidirem por si mesmas aquilo que é bom para sua vida.

Crenças limitantes também podem estar ligadas ao meio social em que você vive, como se acreditar que você mora num local de pobreza, então estará sempre conectado a esse lugar, porque a sua família também está. Isso não é verdade, você pode crescer e sair dali, se quiser.

Quando você assume suas histórias e supera suas crenças limitantes, você se torna uma pessoa admirável para os demais, motivo de inspiração, porque se torna reconhecida como um ser humano real, que não se esconde atrás de máscaras ou imagens previamente criadas, num molde para agradar a sociedade.

Amar a sua jornada é essencial para você ser você mesma e seguir adiante, subindo de fase, dia após dia.

Quando você entra nesse caminho da autoaceitação, você se alinha, naturalmente, ao seu propósito de vida, porque ele vem até você.

A autoaceitação, autocompaixão e o propósito serão seus maiores recursos para evoluir em todos os sentidos da sua vida.

Aceite-se, ame-se, seja você!

E colha as flores mais lindas da sua vida no seu próprio jardim!

Capítulo 3

"Onde quer que viva, esse é o seu templo, se o tratar como tal."

(Buda)

3 Seu templo sagrado

Você sabe se ama a si mesmo?

O que você entende por autoamor? Amor-próprio?

Existem várias formas de compreender o que é o amor-próprio e várias maneiras de manifestá-lo, o que é bem mais importante do que realmente entendê-lo. Isso quer dizer que tem gente que se ama muito bem e nem se preocupa com o significado das palavras.

E o contrário também pode ser verdadeiro, tem gente que até fala bonito sobre amor-próprio, mas não o exerce.

O verdadeiro amor-próprio é aquele estado de espírito em que você se sente tão pleno que não precisa encontrar em outra pessoa ou situação a alegria de viver, o bem-estar e satisfação.

Para quem ainda não encontrou esse estado de espírito, fica mais difícil compreender alguém que já atingiu esse nível de maturidade e contentamento.

O *FloreSendo* está aqui, justamente, para ajudar você neste processo, que é algo constante, pois o amor a si mesmo é como o autoconhecimento, pode e deve ser trabalhado a cada dia, pois sempre pode ser melhorado.

Mas como isso funciona no dia a dia?

Vamos começar pelas coisas mais simples. Eu pergunto a você: como você está agora? Você está com uma roupa velha, que não gosta muito ou está se sentindo bem, com a roupa que está, independentemente de qual ela seja?

A forma como nos vestimos e o cuidado que temos com isso demonstra boa parte do nosso amor-próprio. Veja, se você não gosta de uma roupa, por que a mantém? Por que não doa para outra pessoa, que talvez goste dela? Se você se ama, deve cuidar de si mesma.

Imagine que você tem uma filha, você colocaria nela uma roupa que ela não gosta? Compraria para ela uma camiseta ou uma saia que ela não gostaria de usar? Você a obrigaria a manter uma calça velha e rasgada? Provavelmente, não. Então, por que faria isso com si mesma?

Como está seu cabelo? Está penteado? Está precisando pintar a raiz? Cortar?

Como estão suas unhas? Sua pele? Seu peso?

Como está seu corpo? Quando foi a última vez que se movimentou, fazendo exercício com alegria?

Todas essas questões medem o seu amor-próprio. Quem se ama, cuida-se.

É muito comum, no papel da mulher que, em muitos momentos da vida, ela acabe cuidando mais dos outros, do que de si mesma, pois vivemos uma sociedade que induz a parte feminina a cuidar dos demais, mas, felizmente, esse movimento está mudando, transformando-se.

Isso não significa que você não pode cuidar dos outros, mas não se deve deixar de lado. É importante, sim, se colocar em primeiro lugar, pois somente quando isso acontece, somos capazes de cuidar de alguém mais. É apenas uma questão de prioridade e maturidade.

Outra maneira de saber se você se cuida, é olhar o seu entorno. Faça esse exercício agora. Olhe ao seu redor e veja o quanto você está satisfeito com o ambiente em que está.

Olhe para a sua mesa: está bagunçada organizada? Está limpa? Está bonita?

E o cômodo em que se encontra? Tem quadros bonitos na parede? Uma cortina na janela? Uma lâmpada atraente? Você se sente bem aí? É um lugar aconchegante?

Se você se ama, simplesmente, mima a si mesmo, se presenteia de inúmeras formas. Isso significa que você se torna capaz de organizar o ambiente em que vive, para que se sinta bem. Faz coisas para você mesma. Compra flores, limpa a casa, muda os móveis de lugar, renova as energias, joga fora o que não usa, olha para todos os cantos, pensando em como deixar ele mais bonito, porque isso vai lhe fazer bem.

Tudo ao seu redor é importante, assim como um bichinho de estimação que gosta. Se um bichinho é uma companhia agradável, que traz alegria, você cuida dele para que ele faça parte do seu dia, dos seus momentos.

Uma forma de autoamor ainda mais profunda é o pensar sobre si mesmo, sobre sua história, sua vida e os percalços que percorreu até aqui.

Gostar de si significa aceitação. Você olha no espelho e aceita quem é, aceita a sua idade, suas rugas, imperfeições, bem como tudo aquilo que considera suas qualidades.

Aceitar seus pais, sua família, seus amigos, condições – sejam elas sociais, culturais ou econômicas – tudo faz parte de seu ser. Você pode desejar melhorar tudo isso, mas parte do princípio de que tudo está bem, toda a sua trajetória é uma parte sua e você se sente grato por ela, pois foi o que tornou você quem é hoje.

Aceitar a sua história, as pessoas que passaram por ela, toda a dor e sofrimento faz parte da construção da sua autoestima. Quando olhamos para trás, observamos as dores que fizeram parte de nós, bem como nossas cicatrizes. Aprendemos a olhar para tudo isso com uma nova percepção, do aprendizado. Perguntamos a nós mesmos: "o quanto isso foi necessário para que eu me tornasse quem sou agora?".

Na vida nada é em vão, tudo o que acontece é necessário para o moldar de nós mesmos. **Com o tempo e maturidade, aprendemos a olhar para todo percalço, simplesmente como uma lição a ser aprendida, inserida em nosso contexto de vida, para posteriormente se transformar em força e maturidade.**

Acredite, você é muito mais do que o seu reflexo no espelho, afinal, não somos apenas um corpo, mas também a alma, espírito e uma mente pensante, que funciona 24 horas por dia.

Quando se olhar no espelho, olhe com amorosidade, aceite quem você é, além do seu corpo. Aceite sua história, todas as dores, pois foram elas que moldaram você, que fortaleceram o seu ser.

Exercícios
1. Olhe-se no espelho por, pelo menos, dois minutos.
Pare de pensar. Olhe para si com profundidade e faça um exercício de aceitação. Olhe dentro de seus olhos, sem hesitar. Continue. Tente expressar, no seu olhar, todo o amor que expressaria para um filho ou para o seu pai ou ainda sua mãe. Faça esse exercício todos os dias, para que possa se tornar capaz de doar a si mesmo o amor mais profundo que é capaz de sentir.

Olhe para você e pense nas suas maiores dores. Relembre os instantes em que mais sentiu tristeza ou raiva. Internamente, agradeça esses momentos. Lembre-se que você superou tudo isso e se tornou mais forte, mais maduro e feliz.

Respire fundo. Se possível, diga para o espelho: eu te amo, sinto muito, perdoe-me, sou grato. Esse é um exercício poderoso chamado *Ho'oponopono*, que libera suas dores e permite que você se abra para coisas novas em sua vida.

Repita esse exercício quantas vezes for necessário.

Amar a si é um exercício diário, no qual você não perde absolutamente nada, apenas ganha.

2. Caminhe pela sua casa e faça um exercício de auditoria. Observe se o seu ambiente está sujo ou limpo, bagunçado ou organizado, bonito ou feio, ou, ainda, se está mais ou menos. Analise se há coisas quebradas, velhas ou que você, simplesmente, não gosta. Se considerar interessante, anote num papel tudo o que não o agrada, o que você acredita que pode melhorar e comece a fazer isso diariamente. Treine o seu olhar para perceber em seu ambiente aquilo que desagrada seu ser e comece a transformar isso. A sua casa é uma extensão de si mesma, por isso você deve trabalhá-la diariamente. A sua melhor xícara, o seu melhor copo, prato e talher não deve ser para uma visita, mas para você. Acostume-se a se colocar em primeiro lugar. E repita esse exercício diariamente até o último dia de sua vida.

Alimentação

Aquilo que você come é o que nutre seu corpo. Se você quer começar a praticar o autoamor, o verdadeiro amor-próprio, deve começar a olhar para a alimentação com uma nova percepção.

Apesar de você não ser apenas um corpo, ele é o seu templo, onde habita sua alma, o seu espírito. Como você acha que tem se alimentado? Você é aquele tipo de pessoa que desconta o desequilíbrio das emoções num prato de comida? A cada vez que passa raiva, come uma caixa de chocolate? Se sente tristeza, corre para um hambúrguer cheio de gordura ou ainda é capaz de comer uma pizza inteira?

Eu não estou aqui para julgar, mas para abrir seus olhos sobre a importância que existe na maneira em que nos alimentamos.

Não basta fazer o exercício do espelho se, em seguida, você vai para a cozinha e se empanturra de alimentos, que não trazem nada de bom para a sua saúde. Por exemplo, você acaba de se olhar no espelho, faz afirmações de autoamor, mas depois corre para a dispensa e devora uma lata de leite condensado. Onde está o amor-próprio nesse ato? Ele não existe. É importante você entender que as palavras têm poder, mas elas têm que ir para a ação, elas têm que se transformar em verdade, em atitude.

Se você abrir a sua geladeira, agora, o que haverá dentro dela? Há frutas e verduras? Alimentos frescos ou que já estão vencidos? Há alimentos saudáveis ou não saudáveis? Panelas cheias de comida da semana passada? Iogurtes vencidos? Um leite azedo?

Eu espero que quando você abrir a sua geladeira, possa ver uma quantidade de alimentos frescos e saudáveis, como frutas diversas, vegetais variados e alimentos que goste e façam bem para você, como um iogurte natural, um doce caseiro feito com produtos naturais, ovos, queijos e outros produtos que tenham nutrientes para o seu corpo.

Como cuidar da sua alimentação de maneira fácil e intuitiva? Passe a olhar as cores dos alimentos. Já sabemos que cores variadas num prato significam equilíbrio de nutrientes, por isso combine alimentos vermelhos, amarelos e verdes sempre que puder. Tenha sabedoria toda vez que fizer um prato, observe suas cores. Esse será um sinal importante para você saber que fez boas escolhas para suprir o seu corpo naquele dia.

Uma outra forma positiva é escolher alimentos frescos, nada de ontem, antes de ontem ou, pior, realmente da semana passada.

Habitue-se a ir ao mercado várias vezes durante a semana, ou peça um serviço que possa entregar em sua casa: banana, mamão, pepino, tomate, couve; não importa, pois tudo o que vem da natureza é saudável. E você pode comer sem culpa, preocupação, mas com a satisfação de estar se alimentando com algo fresco e natural.

A forma como você se alimenta também reflete o seu estado de espírito. Você come devagar ou rápido? Você come como se estivesse há dias sem comer, ou consegue fazer isso de maneira tranquila e delicada?

Habitue-se a praticar o *Mindfulness* a cada vez que se alimentar. Se você se torna capaz de comer devagar, focando na mastigação, torna-se melhor, mais focado e mais calmo. Você, finalmente, atinge estados meditativos em situações que são importantes para manter o seu equilíbrio e saúde mental

Aprenda não apenas a escolher seus alimentos pela cor, pela textura e pela validade, mas, a cada vez que ingerir esses alimentos, pratique a companhia de si mesma.

Não pense em coisas ruins, foque na sua mastigação, sinta os alimentos, os sabores de cada ingrediente e sinta-se grato por estar nutrindo o seu corpo com algo bom e saudável, que vai gerar energia e saúde.

Corpo, mente e alma em equilíbrio é o caminho que todos nós temos para alcançar a plenitude e o maior número possível de momentos felizes.

Compre bem! Alimente-se bem!

Exercício
Vá para a cozinha de sua casa. Observe os alimentos que você tem, tanto dentro da geladeira, quanto em seus armários. Seja honesta com você mesma e tenha uma visão crítica. Se você fosse responsável por uma pessoa que está muito doente e que necessita de uma alimentação totalmente saudável para se curar, e, então, se depara com tudo o que está vendo agora, qual seria a sua percepção?

Assim como você se olha no espelho e precisa praticar o autoamor, quando olha para os alimentos que tem em sua casa, você exerce esse mesmo amor, porém sendo mais crítica em relação àquilo que você compra e escolhe para si.

Sugiro que você pegue um papel e uma caneta e faça uma nova lista para a sua próxima compra do supermercado. O que está faltando na sua alimentação? Há frutas e verduras o suficiente? Se não há, que frutas você gosta e poderia começar a inserir na alimentação do seu dia a dia? Que tipo de queijo, iogurtes e outras coisas saudáveis você poderia inserir na sua lista, que ainda não existem na sua cozinha?

Olhe essa sua nova lista com carinho e, na próxima compra de supermercado, tenha a certeza de que fez uma compra melhor. Não se trata apenas de uma compra, mas daquilo que alimenta o seu corpo e, por consequência, a sua alma.

Seja amoroso e responsável.

Compre bem. Alimente-se bem.

Seu segundo cérebro

Além de todas as dicas sobre alimentação, é essencial que você saiba que o nosso intestino funciona como nosso segundo cérebro. O que isso significa? A saúde do intestino interfere diretamente na qualidade de vida, inclusive no equilíbrio mental. Quer ver?

Lembra de algum momento em que o seu intestino não funcionou direito e você passou o dia inteiro se sentindo inchado, dolorido, sem ânimo e muito pesado?

Quem nunca passou por isso? Você faz uma longa viagem e muda o ritmo do intestino por alguns dias e percebe que fica mais cansado e não aproveita muito bem a viagem. Isso é coincidência? Claro que não.

O intestino é responsável por uma série de elementos químicos que são produzidos diariamente e se conectam com aquilo que estamos consumindo, determinando se o corpo tem saúde ou não, se temos disposição ou não, se estamos cansados ou animados, tristes ou felizes. Acredite, muito do seu estado de espírito vem dali.

O que eu faço então?

Além de seguir todas as orientações sobre uma alimentação saudável, você deve ingerir muita água sempre, alimentos que contenham fibras e probióticos, que são alimentos que equilibram a flora intestinal, favorecendo os micro-organismos que trabalham a favor do intestino e não o contrário.

Lembre-se que o intestino não é apenas uma parte do sistema digestório, responsável por absorver os nutrientes, mas ele está o tempo todo equilibrando os elementos em nosso corpo, que influenciam diretamente o estado físico e mental.

Se você vai ao banheiro diariamente, com regularidade, sabe que depois disso se sente bem, mais apto a fazer exercício físico ou dar uma volta qualquer. O funcionamento do intestino traz energia e ânimo, isso significa o equilíbrio do corpo.

Aprenda a olhar para o seu intestino com a importância que ele tem, porque é muita. A maneira como ele funciona tem quase o mesmo significado de como o seu dia acontece. Se o seu intestino está bem, seu corpo está bem, mas se apenas um dia o seu intestino não estiver legal, pode ser que você tenha um dia inteiro ruim. Lembre-se disso toda vez que pensar sobre esse tema.

Se antes você não pensava nisso, é provável que tenha tido dias muito ruins por falta de informação. Agora que sabe, pode cuidar bem mais de você.

Nunca se esqueça: água, fibras e probióticos.
Seja mais feliz.

Atividade física

Você pratica alguma atividade física? Quando você sai para ir à padaria ou ao supermercado, você estaciona o carro o mais próximo possível desse lugar ou se permite caminhar alguns metros até lá, aproveitando o sol e movimentando o corpo? Se você mora num prédio, responda com honestidade: quando foi a última vez que utilizou as escadas?

Sabemos que o dia a dia é corrido, mas exercício físico é essencial para você se sentir bem. Uma vida sedentária, com alimentação ruim e nenhuma atividade física é a receita perfeita para o desânimo e fracasso, em todos os níveis da vida. Não se trata apenas de peso e aparência, mas da saúde física, mental e emocional.

Somos uma tríade: corpo, mente e alma. E os três devem ser trabalhados com amor, diariamente, para que haja equilíbrio na vida.

Atividade física, seja ela qual for, praticada com regularidade, traz benefícios incríveis: bem-estar, ânimo, bom humor, satisfação, saúde, bons pensamentos e muito mais. Isso porque quando nos movimentamos, permitimos que o corpo produza hormônios e substâncias benéficas ao organismo. Quando não praticamos nada, o cérebro produz menos hormônios do bem-estar como a endorfina, os músculos atrofiam pouco a pouco, bem como o humor e energia se desvanecem.

Mesmo que seja uma simples caminhada, se você não está praticando atividade nenhuma, comece agora mesmo. Você não precisa investir dinheiro nisso, pode andar na rua da sua casa, dar voltas no quarteirão e começar a correr, depois de um tempo que já estiver habituada a caminhar. E assim por diante.

Você também tem a opção de fazer alongamento, acompanhado de pessoas que fazem isso e disponibilizam vídeos gratuitos na Internet. Se você gosta de esportes em grupo, procure um local para praticar vôlei, basquete, futebol ou até mesmo andar de bicicleta com pessoas que você conhece.

Quanto mais atividade física puder fazer, mais vai perceber o retorno, de forma absolutamente positiva. Pois isso gera saúde para o seu corpo e para sua mente, o que fica evidenciado no seu ótimo humor. Se você tiver a possibilidade, converse antes com um profissional e descubra qual a atividade ideal para você e em que frequência.

Se para quem sofre de depressão a atividade física é um dos primeiros conselhos médicos, imagine o quanto a atividade física é capaz de melhorar a qualidade de vida de alguém?

Lembre-se de que o amor-próprio não para na alimentação e nem no exercício do espelho, mas ele exige que você cuide do seu templo, permitindo que ele viva, que se movimente e seja feliz.

Vida é movimento!

Exercício

Faça uma caminhada na sua rua, observe as casas, as árvores, cumprimente as pessoas que encontrar. Depois anote os benefícios que sentiu, para se motivar a fazer isso mais vezes! Você vai perceber que seu corpo ficará melhor, bem como sua mente, porque a qualidade dos seus pensamentos muda!

Sono

Você sabe para aonde você vai, quando dorme?

Independentemente de suas crenças ou espiritualidade, já deve ter percebido o quanto uma boa noite de sono influencia seu estado de espírito no dia seguinte, desde o seu humor, ânimo e disposição física, até a qualidade dos seus pensamentos.

Quando dormimos bem, acordamos sorrindo, com vontade de pular da cama, tomar um café e falar com as pessoas que amamos. O contrário também é verdadeiro, após uma noite ruim, não temos vontade nem de abrir os olhos, quiçá sair da cama e enfrentar as atividades do dia e os problemas que não foram resolvidos. Surgirão, automaticamente, inúmeros pensamentos negativos.

A importância de uma boa noite de sono é imensurável e, por isso mesmo, quero que você conheça as minhas dicas para que possa, não apenas ter uma noite de sono de qualidade, mas que isso se torne uma prática diária. A longo prazo, noites bem-dormidas transformam a sua vida.

A primeira dica é que você desligue os seus equipamentos eletrônicos como computador e celular pelo menos duas horas antes de dormir. Isso evita que ondas magnéticas continuem chegando em seu cérebro, mesmo que você não sinta.

Nessas duas horas que você estará desconectado, pode considerar fazer uma meditação, que pode ser guiada ou feita por você mesmo, caso já tenha prática nesse assunto.

Outra forma de garantir uma boa qualidade do sono é ouvir uma música calma e relaxante, com afirmações positivas, que você pode escutar antes de dormir ou mesmo durante o sono, pois, mesmo adormecida, as afirmações continuarão sendo registradas por seu cérebro.

Esteja num ambiente tranquilo para dormir: escuro, silencioso, limpo, organizado, aconchegante e seguro.

O lugar onde você dorme é sagrado, pois esse momento é onde você reenergiza seu corpo e mente, decidindo como será a qualidade do dia seguinte. A performance do sono é o que define como você vai estar amanhã, se vai estar alegre, animado ou desanimado; se sentindo bem ou mal, cheio de amor para dar ou irritado. E assim por diante.

Nunca se esqueça que todas as vezes que você dorme, passeia por lugares que não pode explicar, se encontra com pessoas que conhece e não conhece, vive experiências profundas. Independentemente da percepção que você tenha sobre esses fatos, prepare-se para isso e reconheça a sua importância. Faça tudo o que estiver ao seu alcance para que esses momentos sejam os melhores possíveis.

Você muda sua noite e direciona sua vida para algo muito melhor.

Exercício

Pratique uma meditação guiada disponível no *YouTube* ou que você já conheça. É importante desacelerar sua mente para que absorva conteúdos mais importantes com mais clareza e compreensão.

Meditação Jardim Secreto

Capítulo 4

"Somos o que pensamos.
Tudo o que somos surge
com nossos pensamentos.
Com nossos pensamentos,
fazemos o nosso mundo."
(Buda)

4 Sua mente não é sua senhora e, sim, sua serva

Você comanda!

Você está no comando da sua vida!

A sua mente é comandada por você, a partir do momento que você orienta os próprios pensamentos, colocando-os para trabalhar a seu favor e não o contrário.

Se você alimenta seus pensamentos positivos, mais pensamentos positivos irá criar. E vice-versa. Se você fica se lamentando da vida e faz reclamações, diariamente, como um hábito automático, mais dessas reclamações e insatisfações irão surgir.

Há um embasamento científico que corrobora com o que acontece em relação aos nossos pensamentos.

Dentro de nosso cérebro existe o SARA, Sistema Ativador Reticular Ascendente, que é responsável pela regulação do sono e por ações como o despertar a estímulos sensoriais.

Esses estímulos são a força do nosso pensar. Vou citar alguns exemplos:

Se você decide participar de um concurso público para uma vaga de delegado, por exemplo, o seu SARA fará com que você esteja mais atento ao que se relaciona com esse tema, então, poderá estar mais atento às notícias da televisão que sejam referentes a esse tema, a anúncios na rua, apostilas de concurso que vai perceber numa banca de jornal, vai ouvir pessoas falando sobre o assunto etc. O que antes passava despercebido para você, agora, fica no seu radar de forma automática e intensa.

Você conhece aquelas pessoas que já se acostumaram a reclamar de tudo na vida? Pense em alguém, talvez da sua família ou do seu círculo de amizades. Sempre tem aquela pessoa que reclama de tudo: do passado, dos membros da família, da falta de dinheiro, de algo que quebrou na casa, do trânsito demorado e da situação da sociedade como um todo. Essa pessoa reclama da política, da saúde, da falta de policiamento, de escolas, do preço das coisas e até mesmo de itens que ela nunca irá comprar.

Se você conhece alguém assim, pode até ter a sensação de que essa pessoa é uma pobre coitada ou, simplesmente, azarada. Mas não é bem assim. O que acontece é que essa pessoa cria mais e mais situações negativas em sua vida.

Esse indivíduo alimenta seu cérebro de reclamações e negatividade, o que faz com que o seu SARA – ao filtrar as inúmeras informações do ambiente – capte aquelas que sejam congruentes com o padrão de pensamentos adotado, reforçando mais do mesmo.

Então, de maneira inconsciente, essa pessoa sempre irá na direção de ações e reações que alcancem ainda mais daquilo que ela pensa e fala.

É possível que na hora que essa pessoa for comprar algo, que seus pensamentos estejam voltados para algo que vai quebrar ou custar caro, então ela já compra algo muito barato. Ao chegar em casa, percebe que o que comprou está errado, estragado ou, simplesmente, quebrado.

O SARA age em função daquilo que pensamos, pois trabalha em função dos estímulos que chegam do pensamento e de suas emoções, o que acaba criando o círculo vicioso e negativo.

Mas como eu posso inverter esse ciclo, transformando o que é negativo em algo positivo?

Se você reconhece em você mesmo alguns desses pensamentos negativos e que acontecem para você de forma automática, sugiro que faça um exercício.

Exercício
Pegue uma caneta e um papel, escreva uma espécie de tabela. De um lado escreva pensamentos positivos e, do outro, escreva pensamentos negativos.

Tente escrever tudo o que você pensa de positivo e que se repete durante o dia, do lado onde está escrito pensamentos positivos. E vice-versa. Seja honesto com você mesmo, escreva também tudo o que passa de negativo em sua mente.

Por exemplo: se você acha que está acima do peso, se se incomoda com o valor da sua conta bancária, se se sente inseguro no seu relacionamento, tem medo de ser traído, tem medo do futuro, está descontente com suas amizades, odeia seu trabalho etc.

O primeiro passo para controlar a sua mente e usá-la a seu favor, é a transparência com você mesmo em identificar os próprios pensamentos de ambas as categorias, positivos e negativos. Por quê?

Porque a partir do momento que você reconhece os seus pensamentos negativos, deve cancelá-los, assim que eles chegarem em sua cabeça. E como fazer esse cancelamento? Você já terá identificado os pensamentos positivos, então, cada vez que perceber um pensamento negativo, você o substitui por um pensamento positivo, que agrada você.

Digamos que você perdeu alguém num acidente de trânsito. É claro que esse pensamento vai entristecer você. E se você continuar pensando nisso, irá provavelmente se revoltar com a falta de prudência no trânsito ou de boas estradas. Porém, isso irá gerar uma revolta e indignação muito grande em você.

Sendo assim, você pode optar por não pensar nisso. Na melhor das hipóteses, pode sim pensar na pessoa que perdeu, mas nos bons momentos que teve com ela, ver uma fotografia de um instante alegre, assistir um vídeo que fez com ela ou algo do tipo. Se não for possível essa substituição, mude totalmente o foco e pense em seus sonhos, sejam eles comprar uma casa nova, um tapete novo, uma roupa nova, conhecer uma pessoa, fazer um curso, estudar arte, conversar com a sua melhor amiga ou o que for.

O importante é que você mude a direção dos pensamentos. Mesmo que os pensamentos não pareçam importantes, mas se eles forem positivos e causarem um sorriso, tranquilidade ou simplesmente um estado de calma, é o suficiente para mantê-lo em sua cabeça.

Quando você conseguir manter em sua mente um pensamento positivo e criar o hábito de ter um pensamento positivo atrás do outro, o SARA irá captar informações ambientais para fortalecer ainda mais esse ambiente mental positivo.

Se você passar parte do seu tempo pensando no seu gato e em tudo que gostaria de comprar para ele, seu cérebro irá captar facilmente: *outdoors* com propagandas de produtos para gatos, uma nova loja de gatos que abriu, etc.

Por isso, eu digo que você controla a sua mente e não o contrário. Quando você tem esse conhecimento e usa a seu favor, toda a sua vida se transforma: para melhor.

A analogia do Iceberg
Toda vez que falamos de consciente e inconsciente, existe uma dupla de nós mesmos que fica entre o que pensamos e sentimos, além da ilusão sobre o que acreditamos

controlar, que não é algo que vem do pensamento, mas das emoções, do corpo.

Consciente é mente pensante, razão; enquanto inconsciente é corpo, emoções, memórias da infância, coletiva e da ancestralidade registradas profundamente em nosso cérebro, que ficam lá atuando escondidas o tempo todo, até o momento em que tomamos consciência desse fato e as coisas finalmente começam a mudar.

Somos as duas partes: consciente e inconsciente. E as dificuldades que encontramos na vida se dão pela incoerência que existe entre essas duas mentes, a maior parte do tempo. O que isso quer dizer?

Muitas vezes, algo que você pensa e acredita ter controle não é exatamente verdade, pois em muitas situações, o nosso inconsciente é que está no comando. Quer um exemplo?

No nosso inconsciente estão as memórias ancestrais e coletivas, além de tudo aquilo que vivenciamos na infância e na vida intrauterina. Portanto, os traumas e as dores dos momentos mais importantes de nossa formação, o que afeta toda a vida depois disso, até a morte. Ou, até que se tome domínio desse conhecimento.

Devido ao inconsciente e tudo o que fica registrado nele, de forma não tão clara quanto no consciente, temos tendência, como ser humano, a repetir padrões. Esses padrões podem vir da nossa árvore genealógica, do meio social, ou, simplesmente, de nós mesmos.

Veja um exemplo: se um dia eu fui traída, gerando em mim um sentimento de rejeição e não tratei essa situação com a atenção que precisava, é possível que o meu inconsciente tenha criado o medo da rejeição de forma profunda. Com isso, toda vez que decido procurar um novo relacionamento, é provável que eu escolha pessoas que automaticamente irão me rejeitar, repetindo o padrão que ficou registrado no meu inconsciente, do qual tenho medo.

Nesse exemplo, podemos novamente falar do SARA, pois o estímulo que ficou registrado em mim e se repete, mesmo sem que eu perceba, faz com que o sistema ativador reticular ascendente busque novas situações que reforcem os meus pensamentos. O meu inconsciente fica com essa informação registrada, fazendo com que eu repita o padrão, até que eu tome consciência dele e o cure, possivelmente, por meio de ajuda profissional.

Lembre-se que nós temos mente consciente e mente inconsciente, sendo que o inconsciente é responsável por informações ocultas à mente consciente. O que isso quer dizer? Que nosso inconsciente tem memórias de nossos ancestrais, memórias coletivas e do tempo de vida intrauterina e da primeira infância, que influenciam nossos pensamentos, ações e emoções, na maioria das vezes, sem que possamos perceber.

A infância é considerada a fase mais importante de todas, para se formar um adulto saudável e feliz psiquicamente falando. Justamente porque é a fase onde todos os traumas se fixam no inconsciente e nos influenciam a vida toda, até que tenhamos consciência deles através de terapia ou autoconhecimento, e encontramos uma forma de transformar essas memórias e suas consequentes reações, ou seja, o nosso comportamento em relação a isso.

O inconsciente toma conta de nossas vidas em diversas situações, até que tomemos consciência de que ele existe e do quanto ele domina a nossa vida, caso esteja agindo sem o nosso controle e a nossa intervenção.

Por isso, a necessidade de entender o que é o consciente e o que é o inconsciente. A partir do momento que você se dá conta do dois, pode começar a trabalhar de modo a que eles entrem em coerência, sintonia e equilíbrio.

Quando consciente e inconsciente andam de mãos dadas, o indivíduo começa a ter uma vida melhor, pois ele passa a ser uma pessoa consciente de si mesma, dos próprios padrões que tende a seguir de modo automático. Uma vez que se tenha essa consciência, se adquire condições de quebrar esses padrões, romper os círculos viciosos dos pensamentos negativos, dos processos de repetição e de tudo que uma pessoa poderia vir a repassar aos seus descendentes.

O conhecimento do inconsciente muda tudo. A vida fica melhor.

Esse processo é algo contínuo, que pode até ser considerado trabalhoso, mas não há nada melhor em relação ao autoconhecimento e a satisfação da vida pessoal, porque isso reflete em tudo mais: na vida profissional, familiar, relacionamentos, situação financeira etc.

O equilíbrio entre o consciente e o inconsciente é simplesmente o melhor e único caminho para uma vida verdadeiramente feliz.

Sua mente é o seu jardim

A sua mente é o seu jardim e sua função é se tornar o melhor jardineiro de si mesmo.

O que eu irei plantar? Pensamentos positivos.

E o que eu irei arrancar do meu jardim? Quais são as ervas daninhas? Os pensamentos negativos.

Existe uma historinha muito bonita que diz mais ou menos assim: <u>quando você cuida do seu jardim – e para de se preocupar com o jardim dos outros e com as lindas borboletas que você viu lá – as borboletas virão para você.</u> O que isso significa?

Muitas vezes, no decorrer da vida, ficamos tristes por observar o que as outras pessoas já adquiriram ou conquistaram e nós ainda não.

Há um ditado que diz que a grama do vizinho é sempre mais verde. Será mesmo? Há quem diga, que a grama do vizinho é artificial. E pode ser que seja e ninguém saiba.

Quando você perceber que tem pensamentos negativos, a ponto de acreditar que o que é do outro é sempre melhor do que aquilo que pertence a você, lembre-se que quando você cuida do seu jardim, não precisa se preocupar se no dos outros há mais borboletas e passarinhos, porque cuidando do seu, tudo isso vem para você naturalmente.

Na mesma analogia, podemos considerar que as borboletas são os nossos pensamentos e as consequências deles.

Você deve ser o jardineiro do seu jardim, plantando bons pensamentos que irão resultar em mais pensamentos positivos. Por consequência, você estará materializando para sua vida tudo aquilo que deseja: seus sonhos, desejos e ambições, o que resulta numa maior qualidade de vida.

Outra analogia que gosto muito é a de que nossos pensamentos positivos são como as flores de um jardim, enquanto os pensamentos negativos são as ervas daninhas. Ambas podem crescer simultaneamente e o que faz a diferença é o trabalho regular de quem cuida desse jardim: você! Se você for responsável por vigiar o que pensa, será capaz de manter esse jardim cheio de flores, mas se você se descuidar, o seu lindo jardim pode se transformar num matagal de ervas daninhas, sem beleza e sem nenhuma flor. O que você escolhe para si?

Gostaria de lembrar de outra coisa importante que se relaciona com os seus sonhos. Toda vez que sonhamos algo e caminhamos em busca de realizar esse desejo, é como se plantássemos sementes no subsolo, para que em algum momento elas germinem e cresçam. Porém, todo o cuidado que fazemos, primeiro acontece embaixo do solo e por isso mesmo não podemos ver seu crescimento como gostaríamos. Muitos se sentem desanimados quando estão atrás de seus sonhos, acreditando que não estão vendo resultados, quando o que se requer é tempo e paciência. O sucesso e a realização de um sonho não acontecem da noite para o dia, mas num processo de germinar, crescer e, bem depois, se mostrar ao mundo. Plante suas sementes e assim como uma boa jardineira, tenha a paciência de regá-las com amor e saber que o tempo da colheita virá no momento certo! Isso se chama persistência e precisamos dessa qualidade para seguir em frente!

Parece fácil, mas nem sempre é, para quem nunca tentou fazer essa jornada.

Como eu posso fazer isso?

Evite tudo aquilo que faz mal para você e gera, mesmo sem seu conhecimento, mais pensamentos e emoções negativas. Imagine que todos os dias você assiste noticiários na TV e convive com pessoas negativas. É claro que seus pensamentos irão se tornar negativos. Os noticiários costumam focar em informações e notícias sensacionalistas para terem audiência, naquilo que é negativo, como a eterna briga política, os assassinatos, os roubos, as doenças e a morte.

E, do mesmo lado, pessoas negativas são pessoas que estão de acordo com essa energia, sempre falando de coisas ruins, com foco nos problemas e naquilo que não funciona.

Imagine você, diariamente, assistindo esse tipo de notícia e convivendo com pessoas que reforçam e replicam essas notícias o tempo todo. É claro que você vai ficar com pensamentos negativos, emoções ruins e, por consequência, virão ações que não te levam a um bom caminho.

Como eu me livro de tudo isso?

Primeiro, desligue os noticiários. Afaste-se educadamente dessas pessoas. Ah, mas e se for alguém da minha família? Mantenha uma certa distância, mesmo assim. Isso não significa que você vai eliminar essa pessoa do seu coração ou do seu convívio totalmente. Apenas ouça menos o que ela fala e não pense que você é responsável pelos pensamentos dela. Você é dono apenas do que passa na sua mente. E isso já é muito para se administrar.

Outra forma de sair desse ciclo e cuidar do seu jardim é plantando sementes boas. E como se faz isso? Lendo bons livros, fazendo cursos com novos conhecimentos da sua área de trabalho ou totalmente novos em termos de conhecimento, assista filmes edificantes e se aproxime de pessoas positivas.

Mas isso não é ser egoísta? Eu não estarei alienado do que está acontecendo no mundo e das pessoas que antes eram do meu convívio?

Muito pelo contrário, pois a partir do momento que você começa a cuidar de si mesma e se melhora como ser humano, sua energia contagia as pessoas ao seu redor, fazendo com que elas se motivem a seguir o mesmo caminho. Além disso, você começa a atrair melhores pessoas para o seu entorno, bem como situações mais positivas. São as borboletas chegando em seu jardim.

Esse autocuidado é contínuo, para a vida toda. Você melhora um pouquinho por dia, um pouco de cada vez e percebe a satisfação e alegria tornando-se algo presente na sua vida: a plenitude de viver.

O seu jardim e você florescem!

Você leva sua mente onde quiser

Toda vez que você decide alcançar algo, pode usar a sua mente a seu favor. Quando você escolhe focar naquilo que deseja e sonha atingir, você treina o SARA a filtrar estímulos rumo à materialização do que quer.

Por exemplo, se você está prestes a prestar um concurso, você foca numa imagem em que se vê sendo aprovado nesse concurso, percebe a sensação de felicidade, como se já tivesse alcançado essa vitória. Dessa forma, você gera em sua mente mais e mais estímulos que vão acabar se tornando reais na sua vida, em função desse pensamento.

Digamos que você está com a ideia de empreender um negócio novo, você pode e deve seguir a mesma linha de raciocínio. Primeiro, você cria pensamentos como se esse negócio já estivesse pronto, além do que está na sua mente, mas você imagina o local onde vai fazer esse novo empreendimento, que pessoas estarão com você, que atividade estará fazendo etc. E foca suas emoções na sensação de ver esse projeto realizado.

Esse processo se chama visualização. É quando focamos os pensamentos em algo com tanta regularidade e persistência, que, então, o SARA vai filtrando os estímulos que reforçarão o que desejamos. Com todo esse empenho é mais provável que aconteça!

Quanto mais insistimos num determinado pensamento, mais chances ele terá de se tornar realidade. É assim que acontece, simples assim.

Por isso, as pessoas negativas parecem azaradas, porque elas materializam tudo o que elas falam. E vice-versa. Pessoas de bem com a vida também estão, nada mais, do que materializando os próprios pensamentos.

Tudo é energia e vibração, por isso o *FloreSendo* vem ajudar você a criar sua nova realidade, a partir de algo simples, que é o seu pensar. No início, pode parecer cansativo, se você não tem o hábito de vigiar seus pensamentos. Mas conforme vai alinhando um novo pensamento à sua rotina, menos os pensamentos negativos tomarão conta de sua mente.

Você troca um pensamento negativo por um positivo, todos os dias. Se você for capaz de manter apenas um pensamento positivo todo os dias, excelente! Isso já é o suficiente, porque a própria repetição desse único pensamento, em algum momento, irá criar outros pensamentos positivos acerca dele mesmo.

Por exemplo, digamos que você decidiu focar no seu emagrecimento ou na compra de uma casa, e foca nisso todos os dias. Seu cérebro irá se acostumar com essa informação e, sem esforço, irá criar novos pensamentos para você, como a decoração da casa nova ou as roupas novas que terá que vestir.

Você começa a perceber que agora está num círculo virtuoso e não mais vicioso. É um processo maravilhoso, no qual você colhe apenas bons frutos, seu humor melhora, sua vibração aumenta e sua realidade vai se transformando a cada dia.

Você descobre que é dono de si, da sua vida, dos seus sonhos e de tudo aquilo que começa a criar, a partir de então.

Espero que você seja feliz em suas escolhas! E se você pode realizar seus sonhos a partir de um único pensamento, lembre-se que também pode sonhar grande.

Sonhar grande ou pequeno dá o mesmo trabalho.

Então, capriche!

A vida é sua!

E a colheita também!

Você está no comando e pode levar sua mente onde quiser

Capítulo 5

"Inteligência emocional não é segurar as emoções; é usar a razão e sentir a emoção."
(Valeska Viana)

5 Emocional

O coração

Desocupar o coração de dor e enchê-lo de motivação! Essa é uma frase para você refletir todos os dias. **Na região do nosso coração está localizado o nosso quarto chakra, o chakra cardíaco. Esse centro de energia está, exatamente, no meio entre os três chakras – ou centros de energia – ligados à matéria e os outros três, que representam o lado espiritual.**

Lembre-se que o coração representa nossas emoções, sentimentos e histórias. Como somos marcados pela dor – porque são elas que nos transformam – nosso coração costuma guardar aquilo que nos machucou, mesmo quando não é necessário.

Além disso, o coração é a nossa bússola interna, o que nos guia para as decisões e caminho que trilhamos na vida. Percebe o quanto o coração é importante? É ele que guia a sua vida, suas escolhas, o que você faz no dia a dia – assim como decide sobre as pessoas que permanecem ao seu lado e os sonhos para o futuro.

Por isso, é essencial que você olhe para o seu coração com a devida relevância. Independentemente de quais sejam suas crenças, é a voz que está em seu coração que deverá direcionar a sua trajetória neste mundo.

Nossa essência fala pelo coração, já que o inconsciente é a voz mental, que muitas vezes nos sabota. No coração está nosso deus interior, portanto, é uma voz boa, que só quem consegue calar a mente tagarela torna-se capaz de escutar.

Aprenda, em momentos de tensão, a relaxar o suficiente para perceber o que o seu coração está tentando dizer. Bem como em momentos de decisão. Toda resposta que você precisa vem desse centro de energia tão importante, que fala o tempo todo. Você só precisa aprender a escutá-lo!

Aprender a senti-lo, verdadeiramente, é um ato de amor com você mesmo. E, a partir daí, trabalhar para liberar espaço para coisas boas, deixando para trás as dores do que passou.

Viver fica mais leve e melhor, quando deixamos de carregar mágoas, tristezas e rancores. É isso que a sua essência, por meio do seu coração, expressa e deseja!

Liberte-se da dor, do passado e se abra para novas emoções!

A vida pede passagem!

A sua criança

Você sabe a importância que teve a infância na sua vida? Os momentos que vivemos desde a vida intrauterina até os sete anos de idade são responsáveis pelo nosso equilíbrio e saúde emocional da vida adulta.

A qualidade dessa fase é o que determina como seremos o resto da vida. É o que define a nossa idade emocional. Para quem não teve uma infância de amor, respeito, valores e equilíbrio, essa pessoa terá mais desequilíbrios e faltas na vida adulta, que precisarão ser trabalhadas em terapia, de preferência, com profissionais.

É possível trabalhar bloqueios emocionais, a partir do momento que tomamos consciência de como foi a nossa infância e de como as faltas vivenciadas nessa fase estão nos influenciando no momento atual.

É comum que muitas pessoas projetem em seus parceiros afetivos – ou no excesso de trabalho – toda a cura para as faltas que vivenciaram na infância. O que é um erro, pois isso sobrecarrega a pessoa amada de expectativas e responsabilidades, que na verdade não são delas. Ou, quando no trabalho, ela se torna uma *workaholic* sem consciência do seu desequilíbrio e passa a trabalhar todos os finais de semana, de manhã, à tarde, à noite, negligenciando a si mesma.

Isso é mais comum do que se imagina, ao mesmo tempo que revela uma maturidade emocional baixa. São pessoas que não têm consciência de suas faltas e, portanto, projetam suas carências no outro.

Se você está tomando consciência dessa informação pela primeira vez, aproveite, abra-se para isso e se permita crescer, emocionalmente falando. A maturidade emocional melhora a sua qualidade de vida, suas relações afetivas e, por consequência, todas as áreas da sua vida.

Quem foi rejeitado quando criança, ou viveu sob negligência dos pais, tende a sofrer da síndrome do abandono, síndrome do amor negativo ou ainda de outros problemas que influenciam a vida adulta, até que se tome consciência do fato e melhore essas faltas.

Como saber se eu vivo uma dessas síndromes ou problemas? Pense se, na sua infância, você se sentia sozinho ou abandonado e se, com isso, você sentia que não era amado e, por isso, então, ficava só.

A criança que sente falta de amor entra num processo de autocrítica, na crença de que ela não é merecedora do amor dos pais.

A crítica que a criança faz se torna um autossabotador, que ela vai carregar quando adulta, sempre acreditando que não é amada, atraindo situações em que ela, realmente, não é querida pelas pessoas.

Inconscientemente, o indivíduo adulto tenta superar seu sentimento de rejeição infantil de várias formas. Pode se tornar uma pessoa viciada em trabalho, um hiper-realizador, na busca pela aprovação alheia, ou, ainda, naquele que se faz de vítima e sempre demonstra um desequilíbrio interno, ainda a ser trabalhado.

Quase todos nós passamos por isso, ficando sob nossa responsabilidade curar as feridas da infância. Nossos pais também eram humanos quando se tornaram pais e, por isso, não tem que ser responsabilizados para sempre pelo que fizeram. Temos que acreditar que eles deram o seu melhor. E se isso não foi o suficiente, quando tomamos consciência disso, trabalhamos a nós mesmos, em vez de responsabilizá-los.

Isso se chama crescimento e maturidade emocional, que também gera responsabilidade sob nós mesmos. É libertador!

Você quer saber se você precisa se trabalhar nesse sentido?

Aceite meu convite para uma reflexão neste momento.

Respire profundamente, desacelere.

Agora pense sobre você. Você é aquela pessoa que trabalha demais, tentando chamar a atenção dos demais a respeito de si? Você é aquela pessoa que sempre acredita ser vítima de alguém? Você se exibe o tempo todo, tentando mostrar o quanto é importante? Você não consegue se relacionar com ninguém? Você percebe algum comportamento em você que é em excesso? Todo excesso ou falta denota um desequilíbrio.

Não tema olhar para sua idade emocional, pois todos nós temos que trabalhar essa idade, no sentido de crescimento e fortalecimento. Ninguém nasce pronto e esse é o sentido da vida: autoconhecimento e autodesenvolvimento. Estamos aqui para evoluir e esse é um processo que acontece diariamente, para sempre.

Exercício túnel do tempo

Pense em como você era, quando pequeno, na sua criança.

Como ela era? Descreva: como ela se sentia? Feliz ou triste?

E seus pais? Eram carinhosos ou não? Superprotetores ou não?

Mimavam muito você ou o deixavam para lá, brincando com a babá? Você sentia medo quando seus pais saíam?

Você cresceu junto aos seus pais? Como eles eram?

Brigavam muito entre si e com você? Gritavam e falavam coisas que você não gostava?

Existe alguma situação em casa, que se lembra, que marcou muito? Como foi? Quem estava lá?

E na escola? Tinha amiguinhos? Como era a relação com os colegas?

E seus professores? Eram legais ou chamavam muito a sua atenção?

Você alguma vez foi humilhado ou zombaram de você na escola?

Como se sentia quando seu professor pedia para você responder as perguntas em pé?

Existe alguma situação na escola, que se lembra, que marcou muito? Como foi? Quem estava lá?

Esvaziando a taça

Como você pode esvaziar seu coração de todas as dores e limpar totalmente o seu passado daquilo que lhe causou sofrimento?

Você não pode fazer isso, mas pode, sim, mudar a percepção que tem sobre tudo o que viveu e o que acha que as pessoas fizeram para você. Quando você consegue ter um olhar mais maduro sobre o que foi a sua infância e como foram seus pais, você passa a ter autorresponsabilidade, o que gera um poder sobre aquilo que você sente e carrega em seu coração.

O que significa isso?

Imagine que seus pais foram pessoas que fizeram tudo por você, porém, na medida em que eles podiam fazer. Com isso, você não teve as melhores roupas e nem ganhou os brinquedos que queria. Naquela época, pode ser que essa falta material tenha chegado em sua compreensão como negligência, mas, agora, como adulto, você compreende que a situação financeira dos seus pais não era boa, por isso você não ganhava o que desejava.

O exemplo anterior serve para tudo. Digamos que seus pais não eram carinhosos. Ah, então eles foram culpados? Não. O mais provável é que os seus avós, os pais dos seus pais, também não tenham sido carinhosos e, possivelmente, bem mais duros que seus pais.

Como seres humanos, estamos sempre melhorando, geração a geração. Quando olhamos para trás, podemos ver claramente que nossos pais tiveram mais dificuldades do que nós, bem como nossos avós, bisavós, tataravós e assim por diante.

Quando olhamos para a frente, para nossos filhos, netos e todos os descendentes que virão depois, sempre pensamos: vou fazer melhor para eles, do que o que meus pais fizeram por mim. E, de fato, isso acontece na maioria das vezes.

Então por que carregamos dores? Não seria mais fácil ter essa compreensão, de que nossos pais tentaram fazer o melhor para nós, assim como nós tentamos fazer o melhor para nossos filhos?

É exatamente isso. Quando amadurecermos o suficiente para compreender que nossos pais deram o seu melhor, ainda que aos nossos olhos infantis não tenha sido o suficiente, decidimos ser gratos pelo pouco que fizeram, quando consideramos que foi pouco e começamos a trabalhar a nós mesmos.

Tiramos a responsabilidade de nossos pais – que muitas vezes, durante anos, embutimos culpa – e passamos a trabalhar aquilo que foi feito com a gente. Esse comportamento nos tira do vício de culpar o outro por algo que nos faltou, porque tomamos a responsabilidade para nós mesmos, dali para a frente.

Essa decisão é um divisor de águas, é libertador, pois paramos de procurar culpados e passamos a bola para nós mesmos, como sempre deveria ter sido. É claro que na infância não somos responsáveis por nós mesmos. E, por isso, durante muitos anos, carregamos muitas dores: algumas com razão de ser e outras nem tanto.

Quando decidimos ser donos de nós mesmos, trabalhando o passado, libertando-nos do peso das dores e das histórias, limpamos o caminho para um futuro mais leve, com espaço para alegrias, sonhos e novas experiências de vida, que acabam chegando com todo o amor que acreditamos um dia não ter recebido.

Isso é esvaziar a taça, tornamo-nos cheios de espaço, liberando o desnecessário e abrindo caminhos para tudo de bom. Para coisas novas que antes não podiam chegar, pelo fato de que não percebíamos o quanto estávamos cheios.

Convido você a esvaziar sua taça: liberte-se de tudo aquilo que faz mal para você. Identifique as mágoas que estão aí dentro do seu coração, de tantos anos, seja da infância, da adolescência, ligado à família ou à escola, não importa.

Decida agora deixar de uma vez por todas as dores que incomodam você. Liberte-se disso, faça esse favor a você mesmo. E, seja feliz, muito mais do que já é e muito mais a cada dia, de agora em diante.

Exercício esvaziando a taça
Pense na sua vida como está hoje. Seja sincero com você e escreva um desabafo! Permita-se soltar tudo no papel e não economizar. Faça isto até se sentir leve e, a partir daí, sempre repita esse exercício, quando alguma chateação acontecer.

Por exemplo: "Eu não aguento mais isso, isso e isso"; "Estou pê da vida com aquela pessoa, porque ela fez isso e isso"; etc.

Florescendo feliz

É importante que você escreva, até se sentir exaurido e leve ao mesmo tempo. Isso é esvaziar a taça.

_____
_____
_____
_____
_____
_____
_____
_____

Esse é um exercício diário, para toda a vida. Cada vez que você sentir alguma emoção ruim, por causa de alguém ou alguma situação – ou mesmo por você – desabafe e escreva. Libere imediatamente isso de você!

A vida é feita de altos e baixos, quando decidimos desapegar das dores, mudamos toda a nossa vida. Você passa a esvaziar a sua taça de coisas ruins e a preenche com coisas boas.

Não se engane, esse exercício é diário e vai ficando cada vez mais fácil.

Lembre-se da frase: "Orai e vigiai!".

Vigia seus pensamentos e faça das frases positivas a sua melhor oração.

Preenchendo a taça

Você conhece uma pessoa que está sempre reclamando de tudo?

Todos conhecemos alguém. Muitas vezes, até dentro da família, alguém que desde a hora que acorda, até a hora que vai dormir, está sempre olhando a vida pelo viés do negativo.

Essa pessoa reclama de tudo: hoje vai chover, hoje está frio, tudo está caro, sair na rua é perigoso, as pessoas são ruins, a televisão não presta, os políticos só roubam, os amigos são falsos, eu não tenho dinheiro, eu não tenho disposição, eu estou cansado, eu estou envelhecendo, estou chateada com isso, dor daquilo, etc.

É fácil identificar?

É claro que é. Mas esse não é o exercício aqui. O primeiro ponto é você identificar esse comportamento em você mesmo. Todos nós temos um lado que reclama. Precisamos trabalhar a autopercepção e observar o quanto nosso padrão mental está negativo e estimulando as emoções negativas.

Quando passamos a avaliar o tipo de emoção que cultivamos com o mesmo zelo que facilmente identificamos nas outras pessoas – o quanto elas reclamam – então, deixamos de ser a pessoa que reclama o tempo todo. Focando no cultivo de emoções mais positivas e menos nas reclamações e críticas, você se tornará uma pessoa mais simpática, agradável e melhor.

Florescendo feliz

Reclamar não leva a nada. É algo desnecessário na sua vida. Quando for uma crítica construtiva, faça, mas antes tenha certeza de que realmente é algo construtivo.

Se você trabalha com alguém e acredita que o seu colega fez um trabalho ruim, pense bem antes de criticá-lo, achando que está fazendo um favor. Você sabe os passos que ele seguiu para chegar naquele resultado? Sabe quanto tempo ele levou para fazer aquele serviço? Você realmente faria melhor? Está pronto para ajudá-lo?

Analise suas respostas antes de abrir a boca para criticar. O mundo está cheio de pessoas críticas e poucas que ajudam. Quando somos nós que recebemos a crítica e precisamos de ajuda, é muito doloroso ouvir do outro algo que ele nem se importou em saber porque fizemos aquilo.

A crítica construtiva é importante quando ela realmente vem, no sentido de apoiar o outro. Se não for assim, simplesmente esqueça.

A sua vida será muito melhor sem reclamação e sem criticar os demais. Cada reclamação e crítica que eu deixo de fazer abre espaço para a gratidão. Tendo gratidão, eu preencho a minha taça com sentimentos positivos, emoções que agregam e, assim, abro espaço para uma nova existência.

Em vez de pensar em crítica, troque esse pensamento por gratidão. Por exemplo, digamos que você se incomodou com algo que o colega fez, tente analisar algo de bom nele e agradeça; ou por seu colega existir, ou pelo fato de não ser você, quem está na posição de reclamação.

Cada vez que um pensamento negativo lhe vier à mente, pense em algo de bom que aconteceu no seu dia ou no dia anterior e, simplesmente, agradeça. Agradeça por estar vivo, com saúde, por ter uma casa para morar, um trabalho para exercer, uma família, amigos, um animal de estimação etc. Tudo o que você tem é motivo para gratidão e criar esse hábito muda sua vida, porque transforma o seu interior!

Pratique a gratidão sempre, não há contraindicação!

Acredite, essa virada de chave transforma a sua vida totalmente.

Exercício preenchendo a taça

Escreva uma carta linda para você e do tamanho que você merece.

"Eu sou quem ele diz que eu sou. Eu posso todas as coisas naquele que me fortalece. Eu mereço o melhor desta terra."

Visitando o porão e esvaziando a taça

Capítulo 6

"Os sonhos são como uma bússola, indicando os caminhos que seguiremos e as metas que queremos alcançar. São eles que nos impulsionam, nos fortalecem e nos permitem crescer."
(Augusto Cury)

6. Ative sua bússola interna e empreenda com alma

A conexão que faz diferença

Você sabe o que é conexão?

Estou falando aqui de uma conexão com algo com o que muitos chamam de Universo. Você pode chamar de Deus, Universo, Divino ou o nome de sua preferência, não importa.

Independentemente de qual seja a sua crença religiosa, todas elas acreditam em algo superior, numa força que está além da nossa compreensão. Mesmo o budismo, que não acredita num Deus, vê na força da natureza a superioridade em relação ao ser humano, o lugar onde tudo ocorre com perfeição e maestria.

Se você é uma pessoa que faz as suas orações, saiba que você está no caminho certo. Quando você posiciona suas mãos uma com a outra, por exemplo, em posição de oração, está criando endorfina e dopamina em seu corpo, que são hormônios da felicidade. Já foi comprovado também que pessoas que têm fé e se sentem conectadas com uma força superior tem mais chances de se sentirem felizes.

Essa é a chamada fé, o sentimento que permite que o ser humano tenha esperança de que a vida está sempre melhorando. Mesmo que numa situação ruim, devido a sua fé ou às suas crenças, ele compreende a situação como algo passageiro e que servirá de lição para o que virá em seguida.

Se você se considera ateu, alguém que não acredita em nada do mundo espiritual, tente ao menos se conectar com a natureza. Passe a ouvir o som dos pássaros cantando, sentir o vento batendo na pele do seu rosto, pise com os pés descalços na grama e, se possível, entre nas águas de um rio, de uma cachoeira ou do mar. O contato com a natureza é um tipo de conexão com o superior, pois a força da natureza é maior do que a nossa força, embora sejamos parte dela.

Sendo ateu ou não, a meditação é um processo que cria uma conexão com o superior. Quando menciono a palavra meditação, não precisa ser, necessariamente, na posição de um praticante, sentado em algum lugar sozinho. Você pode meditar, enquanto caminha ou anda de bicicleta.

Você pode relaxar e meditar deitado na sua cama, olhando para uma árvore do lado de fora da janela ou no quintal de sua casa, deitado sobre a grama. A meditação é o processo de acalmar a mente e isso pode acontecer em qualquer lugar, desde que você consiga desacelerar os pensamentos e se concentrar nos sentidos.

Quando fazemos isso, entramos em conexão, em primeiro lugar, com o corpo, por meio da atenção à respiração. Os pensamentos diminuem bruscamente e passamos a prestar atenção as nossas sensações, o que promove paz e tranquilidade.

O processo de meditar, além de prazeroso, é muito saudável, porque faz bem à mente e ao corpo, inevitavelmente. Além de fazer bem espiritualmente falando, para quem acredita ou não.

Tente fazer essa conexão todos os dias e, se possível, várias vezes ao dia. Quanto mais conexões você faz, mais você se torna calmo e forte ao mesmo tempo, porque a paz traz força, sensatez e equilíbrio.

Quando falo em conexão, refiro-me à vibração em que você está.

Imagine a seguinte situação: você está no trânsito parado há vinte minutos. Está com fome, frio, vontade de ir ao banheiro e muito irritado. As buzinas dos motoqueiros estão por todos os lados, veículos tentando fazer com que o trânsito ande, pessoas andando em volta do carro e previsão de mau tempo. Você tem um compromisso em trinta minutos e ainda tem esperança de que vai conseguir sair dali, mas o trânsito não anda. Como você se sente?

É provável que você esteja vibrando ansiedade, preocupação e irritação.

Se você conseguir ligar o rádio e ouvir uma meditação, fechar os olhos, dar atenção somente ao som da meditação e, atenção total à própria respiração, possivelmente, você vai sair da vibração ruim e vai para uma vibração de calma, tranquilidade e paciência.

A meditação transforma a sua vibração. Lembre-se que o tempo todo estamos vibrando uma frequência, que está conectada com o que pensamos e sentimos. No dia a dia, é difícil controlar todos os pensamentos e sensações. Porém, a cada vez que meditamos, trazemos tudo isso a um ponto de equilíbrio. Se praticamos meditação várias vezes, atingimos cada vez mais esse ponto de equilíbrio, até ele se tornar a nossa vibração padrão.

Além do que já foi dito, atividades como meditação, oração e a contemplação das pequenas maravilhas que ocorrem o tempo todo ao nosso redor, nos ajudam a estar mais presentes no momento atual e ter prazer em viver o agora. Além de ajudar a equilibrar nossa mente barulhenta, é uma excelente oportunidade de desfrutar da nossa presença. É a comunhão com a sua essência no aqui e no agora.

Essas constatações por meio da ciência têm reforçado o nosso caminho naquilo que já nos faz bem: silêncio, boas intenções e pedidos positivos em relação a nós mesmos e aos outros. Persista nesse caminho. Até a ciência já sabe que vale a pena!

O silêncio é meditação! Floresça por meio dele!

Você faz parte do todo
Entenda que você faz parte de tudo. Você tem uma essência divina em você. Porém, devido ao caos em que vivemos, sob o comando da mente, não permitimos que essa essência flua e se funda com o todo.

Existem caminhos simples que podem acelerar esse processo:

1. Dissociação. Entenda que você não é sua mente, você é uma consciência muito mais ampla. Você é mais do que apenas seus pensamentos, por isso você pode e deve estar no comando sobre eles.

Viva o momento presente. Pratique meditação, *mindfulness*, *yoga*, corrida, não importa, mas algo que o ajude a desacelerar sua mente e viver o agora.

2. Aceite-se e aceite a sua realidade como ela é (pessoas e situações), mas não entenda isso como acomodação. Aceitar, porém seguir buscando o que deseja.

3. Pratique a contemplação. Vibre com as pequenas coisas, com o pôr do sol, um dia de chuva, o vento, os animais, as folhas caindo de uma árvore. Pare um pouco, saia do modo automático e observe os detalhes da vida que o cerca.

4. Exercite a gratidão por absolutamente tudo.

5. Silencie-se e pratique a solitude para estar mais em contato com seu mundo interior. Cultive o prazer em estar em sua própria companhia.

Exercício da conexão

Faça uma oração ao se levantar e leia um parágrafo que seja, diariamente, da bíblia ou de outras escrituras sagradas. E reflita sobre essa leitura.

Passe um tempo, alguns minutos, contemplando pequenas dádivas da natureza que recebe diariamente.

Crie um diário da gratidão por tudo que vivenciou no dia.

Faça pelo menos quinze minutos de meditação por dia.

Conecte-se com Deus. Crie intimidade com ele. "Você viverá maravilhas se NELE crer".

Saia do controle

Entrega, confia, aceita e agradeça!
Tudo o que acontece tem de acontecer.
Você já ouviu falar das quatro leis do hinduísmo?

São elas:
"A pessoa que vem é sempre a pessoa certa".
"Aconteceu a única coisa que poderia ter acontecido".
"Toda vez que você iniciar é o momento certo".
"Quando algo termina, ele termina".

Talvez seja difícil para você acreditar nisso, mas se olhar para trás na sua vida e analisar tudo o que viveu, irá perceber que exatamente tudo o que aconteceu foi o que moldou você a ser quem você é hoje.

As pessoas que fizeram parte da sua vida vieram para trazer algo para você, fosse amor, amizade, uma oportunidade de trabalho ou até mesmo uma lição. As pessoas chegam na nossa vida para trazer algo e depois vão embora, poucas são as que ficam. A vida é assim, pois estamos no mundo para aprender, numa constante troca de experiências.

A duração de tudo o que acontece na nossa vida também tem o tempo certo para começar, durar e terminar.

Quando passamos a confiar que tudo está acontecendo exatamente como deve acontecer, tudo fica mais leve. As preocupações vão embora, bem como as incertezas, sentimento de culpa, remorsos, medos e anseios.

Isso também pode ser chamado de fé, use o nome que achar melhor para você, mas o importante é que compreenda isso em profundidade e passe a confiar na vida.

Alguns usam a velha expressão "foda-se!" E nada de errado há nisso.

Acordei tarde hoje. E daí? É possível levantar correndo e compensar o que eu perdi? Se for, faça isso. Se não, entenda como um sinal do universo, de que não era para você ter feito o que pretendia fazer. Pelo menos, não naquele momento.

Perdi uma oportunidade de trabalho. E agora? Posso até me lamentar um pouco, mas logo devo começar a pensar se eu realmente queria aquele trabalho e se existe outro, o qual eu posso correr atrás, a partir de agora.

Florescendo feliz

Será que eu realmente quero um emprego ou prefiro empreender? Muitas vezes, uma porta fechada funciona como uma pressão, para que se escolha outra porta. O desemprego gera a coragem para o empreendedorismo. Portanto, quando algo não dá certo, pode ser que deu mais certo do que nunca.

Aquele namorado terminou comigo. E agora? Você pode ficar chorando por dias, mas eu recomendo que chore no máximo alguns minutos e conclua que se isto aconteceu é porque não era a melhor pessoa para você. Por melhor que fosse, se ela foi embora é porque era para ir e pronto.

Muitas vezes, lamentamos pelas pessoas que entram e saem da nossa vida, mas acostume-se com isso, é normal. Poucas são as pessoas que ficam e essas devem ser as mais valorizadas. Nós também fazemos esse papel, não temos tempo de ficar na vida de todas as pessoas que conhecemos ao longo da vida. Nós escolhemos na vida de quem podemos ficar, pois não temos tanto tempo assim e nem disposição.

Amigos vem e vão, relacionamentos também e todos eles servem de aprendizado. Sempre podemos aprender alguma coisa com aqueles que cruzam o nosso caminho. Quando nos damos conta disso, paramos de ver as pessoas e relacionamentos como decepções e passamos a enxergar como boas lições. Isso é sabedoria e muda toda a perspectiva de vida, você se torna mais leve, feliz e cheio de esperança.

Afinal tudo está certo.

O papel de cada um

Você já parou para pensar no papel de cada pessoa que passa pela sua vida?

Se você mudar a percepção que tem sobre as pessoas ao seu redor, vai perceber, que cada uma delas traz uma lição, independentemente, se ela fica ao seu lado ou não.

Esse novo ponto de vista pode mudar a maneira como você enxerga o conviver.

Imagine uma pessoa que é bem complicada de se estar com ela. O que você acha que ela significa na sua vida? Você pode olhar para ela e concluir que ela não tem nada a lhe oferecer. Porém, com um pensamento mais maduro e desenvolvido, você enxerga nela a possibilidade de evolução. Como assim?

Conviver com pessoas difíceis nos tornam mais maduros, maleáveis e fortes. Imagine que essa pessoa é aquele tipo que está sempre reclamando de tudo, desde o início da manhã até a noite. É claro que a primeira reação é querer estar longe dessa pessoa. Porém, se você aceita o desafio, pode desenvolver um processo de conversar com essa pessoa e desviar a sua atenção da reclamação. Imagine que glória seria você conseguir isto?

Você acha que é impossível? Mas saiba que não é.

Por vezes, a pessoa mais difícil que conhecemos está justamente dentro de nossa família e por isso está na nossa convivência. Existem pessoas que quando chegam num ambiente onde há uma pessoa assim, essa que acabou de chegar é capaz de desviar o assunto. Isso prova que é possível sim com a nossa energia transformar o foco daquela que reclama.

Veja: aquilo que eu emano e falo é capaz de ativar no outro algo diferente. Por exemplo, se uma pessoa está muito bem e eu chego já criticando, eu sou capaz de alterar nela algo, que estava bom para algo ruim. Mas o contrário também acontece: digamos que eu chego num lugar onde uma pessoa está reclamando de muitas coisas, pois esse é o seu padrão de comportamento. Se eu cumprimento sorrindo e começo a contar uma história positiva, eu desvio o foco dessa pessoa para a minha história e consigo mudar o rumo da conversa.

É claro que é difícil fazer isso o tempo todo e, talvez, desgastante. Mas quando eu me disponho a esse exercício, estou em primeiro lugar, treinando a mim mesma, sobre como desviar o foco de algo ruim para algo bom. A primeira pessoa que aprende com isso sou eu.

Por isso, quando houver uma pessoa difícil na sua convivência, encare-a como um desafio e uma lição. Você treina a você mesma a ser uma pessoa melhor.

Vou citar outro exemplo. Sabe aquele parceiro ou parceira que você teve no passado e você sentiu que foi desleal com você?

Você pode concluir coisas bem negativas a respeito dessa pessoa. Porém, se você for mais a fundo, pode pensar no seu próprio comportamento, sobre que ações você teve, que talvez tenham levado essa pessoa a agir de forma desleal. Quando somos bonzinhos demais, as pessoas tendem a perder o respeito por nós. Isso não nos torna responsáveis pela ação desleal de outras pessoas, porém é necessário um posicionamento mais firme, de forma mais clara, para quem está ao nosso redor, evitando deslealdade e desrespeito.

Digamos que alguém no trabalho chamou a sua atenção na frente de outras pessoas e você não fez nada, embora não tenha gostado. Você acredita que essa pessoa errou. Mas eu lhe pergunto: se você não gostou e não disse nada, também não errou? Não estou dizendo que você é responsável pelo fato de a pessoa ter lhe chamado a atenção na frente de colegas, porém se você não demonstra que não gostou, é o mesmo que dar oportunidade para essa pessoa repetir um fato que já incomodou você.

Por outro lado, se você aborda essa pessoa, educadamente, e diz que se sentiu incomodado por ela lhe chamar a atenção, você está se posicionando que não quer que aquilo se repita e evita ações de desrespeito em relação a você. Esse é um ato de amor-próprio e autorrespeito.

Essa pessoa que agiu com você de uma forma desagradável também é uma lição.

Uma pessoa que fecha você no trânsito é uma lição.

Alguém que o maltrata dentro de uma loja em vez de prestar um bom atendimento, é um aprendizado para você.

Um indivíduo que você nunca viu na vida e sorri para você do nada e muda o seu dia, também é uma lição para você.

Aquele amigo que traiu você depois de décadas de amizade é uma lição. Seu pai, sua mãe, seu irmão, seu filho, seu vizinho, o professor da academia, sua faxineira, seu parceiro ou parceira etc.

Nada, nem ninguém na nossa vida é em vão. Afinal, tudo o que acontece tem de acontecer, lembra? Quando nos damos conta de que tudo e todos trazem uma lição sobre nós mesmos e como podemos nos tornar melhores, a vida fica mais leve. Deixamos de nos sentir irritados ou magoados, frustrados ou decepcionados e passamos a analisar a lição.

A gente para de perder tempo, procurando culpados, absorve o aprendizado e segue em frente. Isso é amadurecimento, crescimento e evolução, o que gera uma vida mais feliz, tranquila e que flui, como tudo o que tem de ser.

Uma nova percepção da realidade

Se cada pessoa é uma lição e essa lição me permite uma convivência mais leve, o que dizer daquilo que as pessoas falam a nosso respeito?

Pense numa frase: "Quando Paulo fala de Pedro, eu sei mais de Paulo, do que de Pedro".

Quando alguém, independente de quem seja, fala de outra pessoa, ela fala muito mais dela mesma do que o foco de seu assunto.

Vou citar alguns exemplos:

Se eu digo que você é uma pessoa gorda, isso incomoda você?

Se você tem um metro e cinquenta de altura e pesa cinquenta quilos, provavelmente não vai se importar nem um pouco com a minha afirmação, mas vai pensar: a Márcia está louca!

Por outro lado, se você tem ainda um metro e cinquenta de altura e pesa oitenta quilos, pode ser que você se incomode com a minha afirmação. Ainda vai depender de como você se sente com o seu peso e não com a minha informação.

O que eu quero dizer?

Vou citar outro exemplo.

Se alguém diz que você tem cabelo muito crespo. Isso incomoda você? Depende. Se você tem um cabelo totalmente liso ou apenas cacheado, essa informação não faz nenhum sentido para você. Ela só vai incomodar alguém que se identifica com a informação e não se dá bem com ela. Pois ainda existe a possibilidade da pessoa se conectar com a informação e não ter nenhum problema com ela.

Se eu digo para um adolescente: você está velho. Que sentido isso fará para ele? Nenhum. Porém, se eu digo isso para uma pessoa que está na crise da meia idade, essa pessoa pode ter uma reação muito negativa, xingar ou chorar.

Tudo aquilo que ouvimos, só incomoda se algo dentro de nós se conectar com o que está sendo falado.

Qualquer pessoa que tente insultar você com informações que são inverdades não vão atingi-lo de verdade. Assim como o inverso é verdadeiro.

Se uma mulher foi traída, sofre de rejeição, passou por uma traição recentemente e alguém chamá-la de mal-amada, provavelmente vai conseguir causar um insulto muito grande. Porém, se é uma pessoa que está muito bem sozinha ou está em um relacionamento ótimo, essa informação não faz nenhum sentido para ela.

Compreendendo isso, eu passo a entender que tudo aquilo que ouço só faz sentido se houver algo dentro de mim.

E outra coisa também muito importante é que quem está desferindo o insulto ou as informações negativas é porque possui isso dentro dela mesma. O problema está com a pessoa que está falando e não com a pessoa que está ouvindo, em primeiro lugar.

Se eu sou uma pessoa que me considero muito bonita e estou satisfeita com a minha aparência e amor-próprio, eu não terei interesse em criticar a aparência de ninguém. Por outro lado, se eu me sinto feia e não tenho amor-próprio, é provável que eu critique toda a pessoa que eu vir na minha frente, para diminuir o tamanho da minha insatisfação e dor em relação a minha aparência.

Se eu me sinto insatisfeita profissionalmente, é provável que, mesmo de maneira inconsciente, irei criticar outros profissionais para diminuir a atenção que eu mesma tenho sobre a minha insatisfação profissional.

Lembra-se do versículo bíblico: "a boca fala do que está cheio o coração"?

Isso faz todo o sentido.

Outra frase que faz sucesso na internet é: "gente feliz não enche o saco".

E é isso mesmo. Já viu uma pessoa extremamente produtiva e feliz parar para criticar uma pessoa preguiçosa? A pessoa que está produzindo está focada em sua produção e não no outro. Quem foca em si mesmo não está preocupado com o que os outros estão fazendo. Isso é coisa de quem não tem o que fazer e está insatisfeito consigo.

Quando você, finalmente, compreende que o que as pessoas dizem está totalmente conectado ao que elas são e não ao que você é, você tira uma tonelada dos seus ombros. Essa compreensão costuma vir com muitos anos de idade, quando já somos adultos e sofremos muito por causa de outras pessoas. Mas mesmo que você seja jovem, não espere tanto para ter essa compreensão, se você tem a oportunidade de compreender isso agora.

Tudo o que as pessoas falam, simplesmente, refletem o que elas são.

Essa informação também serve para você mesmo. O que você tem falado para as pessoas? Você mais elogia ou mais critica? Esteja atenta, pois a vibração de tudo aquilo que você diz está apenas refletindo quem você é agora.

Após fazer essa análise, se você perceber que é uma pessoa que está criticando mais do que elogiando, reveja você mesma. Trabalhe-se internamente, para se tornar uma pessoa que mais elogia do que critica.

O mundo já tem críticos demais, tente fazer parte daquela minoria que está sempre buscando o que as pessoas têm de melhor e colocando isso em evidência e não o contrário.

Capítulo 7

"A felicidade não é um ideal da razão, mas, sim, da imaginação."
(Immanuel Kant)

7 Sua realização e felicidade lhe esperam

As quatro fases para a concretização de seus objetivos

Existem pessoas que estão sempre tendo ideias geniais. Elas são inteligentes, sabem elaborar estratégias e até contagiam outras pessoas, mas elas não saem do lugar.

Como ser uma pessoa que sai do campo das ideias e concretiza o que deseja?

O primeiro passo é você prestar atenção à sua intuição. Quando sua mente começar a criar ideias, esteja atento e perceba o que faz sentido para você e, ao mesmo tempo, faz você se sentir bem, vibrar.

Quando você se conectar com uma ideia, foque nela, passe a senti-la, como se ela já estivesse sendo colocada em prática.

Depois, comece a pensar sobre cada passo que deve seguir, executar e colocar em prática para concretizar essa ideia. Imagine-se fazendo tudo o que é necessário para concluir esse objetivo.

Ainda em pensamento, imagine tudo concretizado, você se sentindo feliz por ter realizado essa meta. Comece a sentir gratidão pela realização de tudo o que você imaginou. Vibre tudo isto.

Vou citar alguns exemplos.

Imagine que você quer muito engravidar, ser mãe. Então, imagine isto. Olhe-se no espelho e visualize como seria ver a sua barriga crescendo, sentir o bebê se mexendo. Como seria ter que usar roupas mais largas?

Quando sair na rua, olhe lojas de criança, comércios específicos para mulheres grávidas e bebês. Entre nessas lojas, toque as roupinhas de bebê com as suas mãos, escolha roupinhas para o seu futuro filho e, se possível, compre algumas. Imagine o quartinho que vai montar para a sua criança.

Comece a pensar em nomes para o seu filho ou filha, que músicas vai cantar para o seu neném dormir, que brinquedos vai colocar no seu quarto, que carrinho de bebê você vai levar para passear e que trajeto irá fazer.

Comece a tocar a sua barriga e agradecer a criança que está sendo gerada dentro de você. Sinta tudo isso como algo que já está acontecendo. O seu corpo reage e o universo responde à medida que você sonha e agradece por isso.

Se você quer muito ter um relacionamento, comece a imaginar uma pessoa ao seu lado, imagine essa pessoa andando na sua casa, sentada no seu sofá ou fazendo companhia para você na cozinha, enquanto você prepara o almoço e ambos conversam.

Imagine esse amor no seu chuveiro, na sua cama, dentro do seu carro, fazendo uma caminhada com você e indo ao cinema. Imagine as conversas que vai ter com essa pessoa, as viagens que irão fazer juntos.

Comece a vibrar os risos que vai ter com essa pessoa e se sinta grata por ter ela ao seu lado. Converse com ela como se ela já estivesse aí. A sua vibração muda e começa a atrair alguém similar para você.

Tudo o que você quiser, imagine como se já estivesse concretizando em sua vida. Sinta-se grato e feliz por isso e o universo responde.

Exercício de visualização dos objetivos

Faça uma lista das ideias que têm aparecido em sua mente. Mesmo as mais bobas. Talvez não tenham surgido ainda, mas existe algo que talvez gostasse de realizar profissionalmente? Anote. Agora visualize, com riqueza de detalhes, você realizando cada ideia ou somente o "algo" que gostaria de realizar.

Procure sentir como se estivesse de fato vivendo a realização da ideia. Coloque riqueza de detalhes em cada visualização. Perceba como você se comporta em cada uma. Feliz? Ansioso? Preste atenção em qual visualização se sente mais inteiro. Em qual você se sente mais feliz e confiante? Em qual seu coração bate mais forte? "Onde seu coração bate mais forte está sua alma."

A materialização

O processo da materialização é uma parte muito gostosa de vivenciar no caminho da realização. Eu costumo fazer uma mandala e dentro dela desenhar aquilo que eu quero. Faço esse desenho com muito carinho e, em seguida, coloco a mandala num lugar onde eu visualize todos os dias.

Uma boa opção é colocar a mandala dentro da bolsa, pois cada vez que eu me sentir mal, posso olhar para ela e lembrar dos meus objetivos. Isso me fortalece para seguir em frente.

Caso você prefira não desenhar, você pode criar um painel de materialização.

Imagine um painel, onde você colocará recortes de revista. Então, você procura imagens de tudo aquilo que quer materializar. Por exemplo: recorte uma casa mais próxima possível daquela que é a dos seus sonhos. Um carro, um bebê, um consultório ou uma clínica, uma loja, um parceiro ou parceira e até um bichinho de estimação; não importa, desde que faça parte dos seus sonhos e você queira materializar.

Você coloca esse painel na parede que fica em frente ao seu computador. Como você se senta todos os dias para trabalhar em seu *laptop*, você irá olhar para o painel todos os dias.

Cada vez que você fizer isso, reserve alguns minutos do dia para olhar o painel, relaxar e fazer uma respiração profunda, enquanto olha para os recortes, ainda que seja um único recorte.

Relaxe na cadeira, respire fundo, faça uma meditação, enquanto visualiza os objetos do seu desejo. Sinta cada um deles, como se já fossem seus, olhe para eles e imagine cada detalhe, mesmo que ainda não possa visualizar na foto. Olhe, por exemplo, para a casa: imagine como ela é por dentro, num dia de chuva, abrigando-se do frio e tomando uma bebida confortante. Se o seu desejo é ter uma criança, olhe para a foto dela e imagine como é a sua voz, como seria vê-la correndo dentro da sua casa, no quintal ou na varanda.

Sinta a sua clínica por dentro: como é a temperatura, qual é o cheiro dentro dela, tem música ambiente? Existem funcionários trabalhando para você? Há flores enfeitando o lugar? Que enfeites você vai colocar dentro da clínica?

Faça esse exercício diariamente, como se já estivesse acontecendo e se sinta grato por cada detalhe. Habitue-se a fazer isso todos os dias e quanto mais você fizer, melhor.

Exercício da materialização

Crie a sua mandala. Pode ser na tela do computador, numa cartolina ou em um cartaz. O importante é que esteja sempre à vista. Coloque fotos que sejam congruentes com seu objetivo, formando o retrato do que deseja realizar. No meio ou acima, como título, coloque uma frase de poder. Todos os dias, ao acordar e antes de dormir, leia em voz alta essa frase e passe uns minutos olhando sua mandala.

Eleja um objeto ou uma imagem que se identifique. Use-a como o seu amuleto, sua âncora. Essa imagem servirá para lembrar você, sempre, do seu objetivo e que é totalmente capaz de realizá-lo.

"Você é totalmente capaz de realizar o que deseja. Mas precisa acreditar."

A concretização

Uma das coisas mais difíceis para a maioria das pessoas para concretizar seus objetivos é que elas imaginam o último passo e isso faz com que o objetivo pareça muito distante, complexo e, às vezes, até impossível.

Por esse motivo, gosto de fazer um exercício que é de trás para a frente. Em vez de você imaginar o resultado final, digamos daqui a dois anos, você imagina o que fará no final e vai voltando, mês a mês, o que precisa fazer. Quando você visualiza o que precisa fazer dessa maneira, todos os passos parecem menores e mais fáceis de serem seguidos.

Vamos imaginar a sua clínica ou consultório. Esse é um objetivo grande, por isso pode parecer assustador inicialmente, complicado e demorado. Então você organiza esse objetivo passo a passo, de trás para frente.

Último passo: inauguração da clínica.

Passo anterior: contratação de funcionários.
Passo anterior: decoração da clínica.
Passo anterior: limpeza da clínica.
Passo anterior: reforma da clínica final
Passo anterior: buscar local para a clínica final
Passo anterior: levantar investimento.
Passo anterior: criar estratégia.

Quando imaginamos a realização de nossos sonhos ao contrário da ordem cronológica, os passos parecem menores e as dificuldades deixam de ser um bicho de sete cabeças.

Acostume-se a olhar para as suas ideias e sonhos dessa maneira, imaginando o passo a passo do que tem que fazer e faça isso sem medo.

Você começará a ver os resultados gradativamente e vai se sentir motivado com isso.

Exercício da concretização

Qual é o objetivo? Qual a data da realização? Crie metas com datas retrógradas.

Exemplo:

Objetivo: criar meu infoproduto

Data: 2 de setembro de 2023

O que estarei realizando em: de 2/8/23 a 2/9/23, de 2/7/23 a 2/8/23... E assim por diante.

"O preguiçoso pode não querer dar um passo no tempo devido, mas se vê obrigado a dar 100".

A concretização

Antecipando problemas

Você precisa cuidar dos seus autossabotadores, pois todos nós temos os nossos próprios sabotadores, além dos problemas do dia a dia que vêm de outras pessoas.

Preste atenção às metas que você coloca, ao passo a passo que você criou para atingir seus objetivos da mandala. Veja com atenção se cada passo a passo que você criou não está muito fácil ou muito difícil, pois ambas as intensidades podem desmotivar você.

Nós temos um cérebro que gosta de desafios. Então revise o seu passo a passo e esteja certo de que colocou desafios palpáveis e atingíveis ou fáceis demais.

Não seja perfeccionista ou crítico com você mesmo. Quando agimos dessa forma, tendemos a perder tempo e energia e corremos o risco de desistir.

Tentar e errar faz parte da trajetória, pois quanto mais tentamos e erramos, mais profissionais nos tornamos. A experiência vem da prática, o acerto vem de uma sequência de erros, de tentativas, para depois se tornarem acertos.

Seja paciente, aquilo que é bom demora.

Você pode e deve se presentear a cada etapa cumprida. Digamos que você seja muito vaidoso e goste de roupas ou de acessórios, então, se permita um presente a cada meta cumprida. O contrário também é verdadeiro. Digamos que você seja preguiçoso, puna-se com cinco quilômetros de corrida, caso não cumpra uma meta. E se essa punição também for positiva como uma boa corrida, fará bem para a sua saúde tanto melhor.

Porém, problemas costumam surgir no caminho. Tenha um plano de contingência, o chamado plano B. Crie uma estratégia com tudo aquilo que precisa ser feito e o devido passo a passo. Assim, você estará se antecipando aos eventuais problemas que possam surgir. Uma reserva financeira, pessoas que poderão ajudá-lo – em caso de alguma necessidade específica – empresas que você já tem o contato, informações, tudo aquilo que você nem deseja usar, como um seguro de saúde ou de vida, mas você pensa nisso, antevendo todas as dificuldades que pode encontrar e já as soluções.

Exercício antecipando problemas
Seu objetivo é realizável? De zero a 10, qual o grau de desafio? O que poderia atrapalhar? O que faria para resolver? Defina as recompensas para cada meta cumprida. Defina as penalidades para cada meta não cumprida. Quais serão seus planos de contingência?

"Bora pra ação"

Independentemente do que realizar ou não, nunca esqueça quem você é

Nós somos seres que vamos além de apenas um corpo e uma mente. Nossa verdadeira essência não depende do que construiremos e o que teremos para ser alguém. Nós já somos. Quando entendemos isso, nós desapegamos do ter, passamos a construir tudo pelo simples amor a jornada e não ao resultado.

Seja, sinta seu interior, sua essência e vá além do ter. Quando ficamos em sintonia com a essência de nós mesmos, todo o resto é consequência.

O nosso interior produz o exterior!

E não o contrário!

Uma boa jornada! Para dentro de você, descobrindo seu ser e o expandindo para o exterior, transformando toda a sua vida e a sua jornada.

Finalmente, o seu florescer!

Meditação Jardim das Virtudes

Depoimentos

O meu nome é **Fátima**, tenho 37 anos e sou aluna do FloreSendo. Antes do FloreSendo eu não via nem possibilidades de me tornar uma empreendedora. Muito menos digital. Existiam várias questões que me bloqueavam e eu não conseguia avançar, começava e nunca terminava. Com o FloreSendo apreendi a me posicionar, aprendi a vender sem medo, aprendi a controlar as minhas emoções e ser útil na vida das minhas alunas.

A Márcia é extremamente atenciosa e o curso é de fácil entendimento, o que me ajudou muito! Antes nem vídeo eu gravava. Sempre digo que existia uma Fátima antes e outra depois do FloreSendo. O curso é incrível e assim como transformou a minha vida, acredito que pode transformar a sua também.

Hoje sou *Master Coach* de emagrecimento, saúde, bem-estar. Sou terapeuta da saúde integral sistêmica e criadora do método Definitivamente Magra. E nada disso seria possível sem o treinamento e todo acompanhamento da Márcia!

Gratidão!!!! Para sempre minha mentora!

Meu nome é **Carla Gonçalves Bandini**, sou *coach* de bem-estar, saúde e emagrecimento e trabalho com mulheres que estão passando pelo climatério e menopausa. Conheci a Márcia quando fiz minha formação de *coaching* de bem-estar e saúde e emagrecimento, o Método FloreSendo. Sou suspeita para falar da Márcia, pois me identifico com ela.

Esse curso FloreSendo me ajudou muito a mudar de uma vez meu padrão mental.

Ela passa de forma muito natural e acessível todos os passos que devemos executar para que tenhamos uma nova mentalidade positiva e também ferramentas para que a gente consiga concretizar os nossos objetivos.

A forma como ela passa isso nas aulas é muito simples e objetiva. E, para complementar, ainda tem tarefas a cada módulo que ajuda a fixar todo o conteúdo.

Super indico o FloreSendo. Ele me ajudou muito a ter um padrão mais positivo, a acreditar mais no meu potencial, a ter mais fé na minha caminhada.

Só posso agradecer mais uma vez por poder ter acesso a esse trabalho incrível da Márcia, onde a gente pode sentir o amor e a sinceridade dela em cada aula, em cada tarefa, em cada ferramenta. Gratidão.

Sou **Eduardo Stelzer Risoli**. Gostaria de compartilhar a minha experiência com o projeto FloreSendo, criado pela Márcia S. Pereira (de quem sou aluno), que desenvolveu com muito carinho. Cada capítulo foi essencial para o meu desenvolvimento e autodescoberta. O olhar introspectivo, que com o tempo a gente perde, foi resgatado em mim, de uma forma intensa e maravilhosa. Uma verdadeira transformação de dentro para fora, reparando feridas que os caminhos da vida, as frustrações, os nãos e os medos me trouxeram.

Meus olhos se abriram para a ressignificação desses medos e bloqueios, da mente negativa e, acima de tudo, despertou o verdadeiro chamado para a minha missão.

Só tenho que agradecer o tempo dedicado para ensinar e contribuir com um conteúdo tão especial e transformador.

Meu nome é **Saionara Bennemann**. Para mim, o Flore-Sendo foi muito profundo. Revi e revivi muitas questões que não olhava do passado, e para o futuro. Voltei a ter consciência das muitas ações e comportamentos simples, do dia a dia, que fizeram total diferença na minha rotina. A Márcia é incrível como pessoa e como profissional. E possui o dom de transformar as coisas pesadas e difíceis de olhar, com leveza e simplicidade, de uma forma muito clara e didática. E isso faz toda a diferença quando falamos em transformar destinos. Quanto mais fácil percebermos o processo, mais nos entregaremos a ele. Obrigada por fazer parte dessa transformação!! Aqui nestas páginas contém um conteúdo riquíssimo. Boa leitura.

FloreSendo feliz

Curso FloreSendo